図解 はじめての日本建築

神社仏閣から住宅建築までをめぐる

松崎照明 著

丸善出版

はじめに

建築は文化の器《うつわ》です。その中には、日々の生活や信仰に使われた道具や掛軸、障壁画《しょうへきが》などの装飾、仏像や儀式のための空間まで、すべてが含まれています。ですから、日本文化の全貌を理解するためには、建築を知ることが早道なのです。ただ、建築というと専門的でわかりにくい、とよく言われます。

この本は、そのような声に応えるために、日本にある多くの建築を、古代から現代まで時代順に、また神社、寺院、住宅の種類別に二十章にまとめ、文章はできるだけ短く、わかりやすく、図と写真を豊富に使い、専門用語にはすべて読み仮名をつけて、初めての方にも読みやすくしました。加えて、どの章から読み始めてもよいように構成し、図版だけはかなり細かく描き、解説して、これまで多くの日本建築を訪ねた人たちにも、さらに深く楽しめるように解説してあります（国宝建築一覧、見るべき建築の実例掲載）。

四方を海に囲まれ、山の緑におおわれた日本の景色は、いまも美しさで我々を魅了します。日本人はそこに建物をつくるとき、森の中から良質の木を選び、山のふもとに住まいや神社を建てました。六世紀の中頃に大陸から仏教が伝って、建物に鮮やかな色や曲線が入るようになっても、渡来の寺院建築でさえ穏やかで自然と息を合わせるものがほとんどでした。美しい日本の景観は、これらの建物を点景として、あるいは建築が自然を際立たせるようにして構成されてきたのです。海外で日本建築の話をするとき、日本建築は自然そのもの、日本人そのものだと言ってくれる人たちがいます。しかし、日本に住む人たちの中で、世界最古の木造寺院建築である奈良法隆寺《ほうりゅうじ》の威厳と静かなたたずまいを、極楽をこの世につくったといわれた平等院阿弥陀堂《びょうどういんあみだどう》（鳳凰《ほうおう》堂）を、実際に見た人はどれほどいるでしょうか。俊乗房重源《しゅんじょうぼうちょうげん》と仏師・快慶《かいけい》が生きて現れるような阿弥陀如来をつくり出した浄土寺浄土堂《じょうどじじょうどどう》を、禅僧《ぜんそう》たちが海を越えて日本に伝えた禅寺《ぜんでら》の精緻で背筋の伸びる禅宗《ぜんしゅう》建築を、華麗な霊廟《れいびょう》建築を、そして考え得る最高の意匠と技術を駆使した茶室の建築を、皆さんは実際に見たことがあるでしょうか。

　この本は、外国の皆さんも含めて、日本の文化を知ろうとするすべての人に、もう一度日本建築を、そして庭も含めた日本の美を知り、一つでもよいので実際に足を運んで、日本を体感して欲しいという願いを込めて書いたものです。

　日本の景観は、日本建築のありようは、日本の文化そのもの、我々そのものなのですから。

二〇二二年十一月

松﨑　照明

目次

日本建築の様式
——系統図の説明

はじめに日本建築の造形原理を理解しやすくするために、その歴史的変遷と様式の特徴を簡単に見ておきましょう。

日本建築の様式概念は広範かつ複雑でわかりにくいのですが、これを「つくり方」（構造・構法）、「使い方」（機能）、「見せ方」の何が変化したかで捉えると理解しやすくなります。この考え方で「寺院」「神社」「住宅」の三つの分野ごとに日本建築の歴史を振り返ってみます。

寺院建築の様式
——「和様」、「大仏様」、「禅宗様」、「折衷様」

寺院建築は、朝鮮半島からの仏教伝来（五三八年）に伴う法興寺《ほうこうじ》（飛鳥寺《あすかでら》）の建立に始まる飛鳥・奈良での仏教伽藍《がらん》の建設（五九二～七九四年）に始まり、平安京への遷都（七九四年）に伴う天台《てんだい》、真言《しんごん》密教の山岳伽藍、平安時代後半の天皇、貴族による大伽藍の創建、同時に流行する阿弥陀《あみだ》信仰による阿弥陀堂の建立という古代の寺院建築、それに続く、鎌倉、室町武家政権（一一八五～一五七三年）に重用された禅宗《ぜんしゅう》の諸建築、鎌倉時代に次々と現れる浄土宗《じょうどしゅう》、浄土真宗《じょうどしんしゅう》、日蓮宗《にちれんしゅう》などの新しい仏教諸派の建物の建立という変遷を見ることができます。

この中ですべての分野の日本建築は、大陸から新しい建築の「つくり方」（構造）と「使い方」（機能）を取り入れ、それらを部分的に組み合わせて「見せ方」を変えます。寺院建築の様式変遷として捉えられるのは、このうち「つくり方」の変化が主で、平安末の東大寺《とうだいじ》の焼失に伴って中国から導入された建築様式を「大仏様《だいぶつよう》（天竺《てんじく》様《よう》）」と呼び、寺院建築伝来から奈良時代、平安時代を通して使われた建物の「つくり方」を「和様《わよう》」と呼びます。

大仏様は東大寺の巨大な建築群を安く、早く、強くつくるために使われた様式で、和様のように柱に長押《なげし》と呼ぶ横架材《おうかざい》を内外から打ち付けて強度を得るのではなく、柱に穴を開けて横架材を貫く貫《ぬき》、肘木《ひじき》を穴に差し込んだ挿《さし》肘木を使った建物の「つくり方」の変革にあります。大仏様とほぼ同時期に日本の禅宗僧によって取り入れられ始める禅宗様《ぜんしゅうよう》は中国からの渡来僧《とらいそう》によって完全な形で

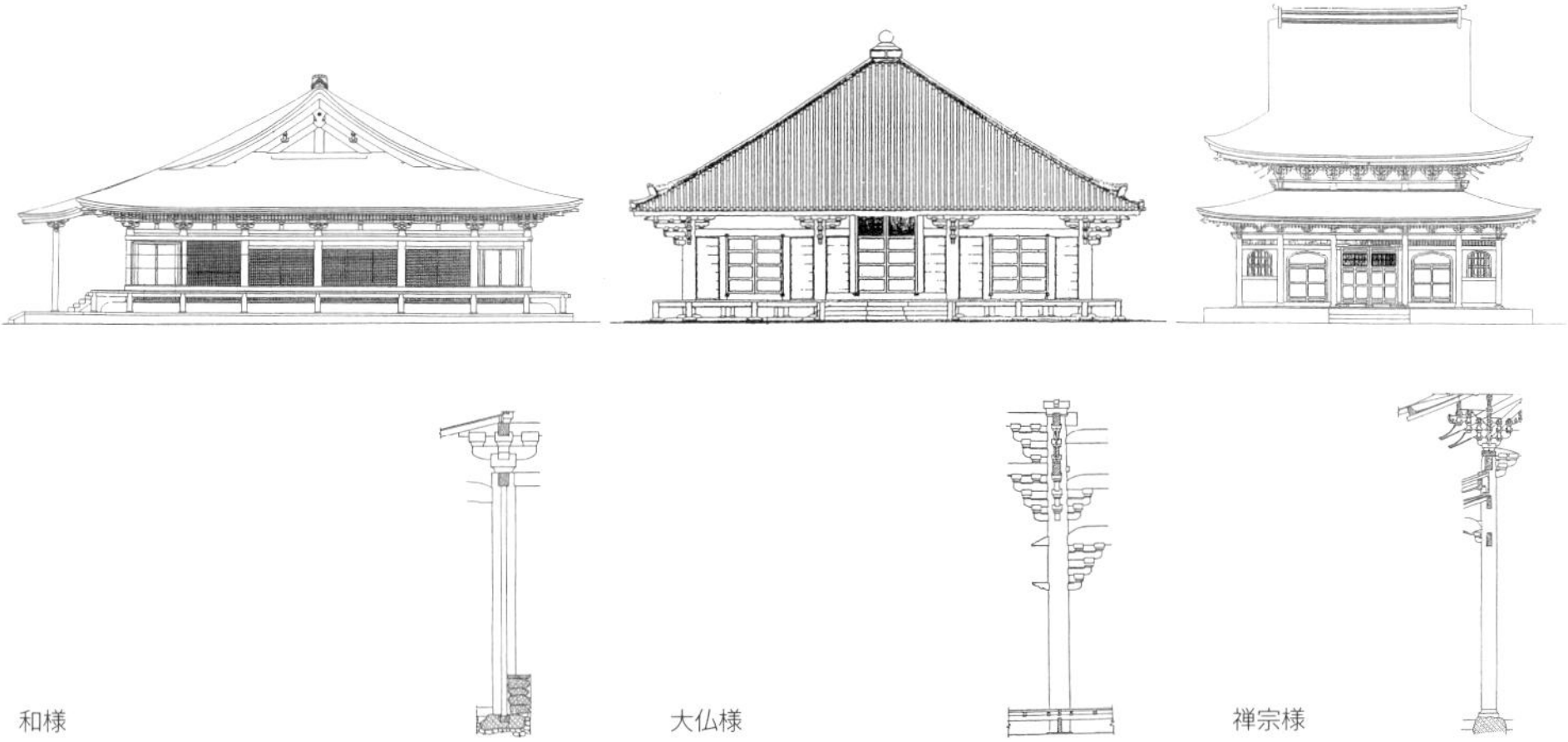

図　寺院建築の三様式

日本に伝えられ、貫の使用は大仏様と同じですが、挿肘木は使わず、小ぶりの部材（斗《ます》、肘木）を組み上げて柱の上などに組物《くみもの》をつくり、旧来のように平行に垂木《たるき》を配置する平行垂木ではなく、大陸と同じ全体が扇状に広がる扇《おうぎ》垂木を使った「つくり方」が大仏様とは異なっています。

鎌倉時代以後の寺院建築は、この三様式を組み合わせながら、主に「見せ方」に主眼を置いて展開します。これらは「見せ方」の変革であって「つくり方」（構造・構法）は大きく変わらないため、使い手、つくり手ともに一つの様式と認識するような広がりは持ちません。大仏様と和様を組み合わせた新和様《しんわよう》は東大寺の大仏様を知る奈良の僧が主に布教先の瀬戸内海沿岸に広めました。三様式を組み合わせた折衷様《せっちゅうよう》は広範囲に広まりました。しかし、これらの組み合わせの方法には一定の規則がなく、これまでに新和様、折衷様と呼ばれて把握されてきているものの、様式とみなすには問題が多くあります。

神社建築の様式
――地域と氏族の形式

神社の建築は古く、寺院建築が入る以前からあると考えられがちですが、神社建築といえるような確たる形式を持つ建物が寺院建築の請来《しょうらい》以前からあったとは考えにくいことです。二千年前の弥生時代中期頃には、天皇家の祖先神《そせんしん》を祀《まつ》る伊勢神宮《いせじんぐう》正殿《しょうでん》の素形ではないかと考えられる二本の棟持柱《むなもちばしら》を持つ建物の遺跡が認められますが、神社建築のうち、最古の記録が残るこの神宮《じんぐう》の形式は、天皇中心の律令国家《りつりょうこっか》が成立する頃、七世紀の後半に渡来の仏教に対する日本古来の信仰（神）を建築で表現したもので、その成立には寺院建築が関係しているとの考えが有力です。そのためすでに、奈良時代の神宮は、配置の左右対称、南面《なんめん》、装飾金物などに寺院建築の影響を受けています。その後、平安時代の神社建築には仏教の影響を受けて色が塗られ、本来は直線構成だった屋根などに曲線が取り入れられたと考えられています。神宮同様、日本最古の文献（古事記《こじき》、日本書紀《にほんしょき》）に記された神の社殿である出雲大社《いづもおおやしろ》の正殿（本殿）は、ほぼ正方形平面の中央に、構造上は必要の少ない最も太い柱が立つ特異な形式で、その建物は現在でも高さが約二四メートル（八丈《じょう》）ある日本最大の神社建築ですが、二〇〇〇年の発掘調査によって直径約三メートルの柱の一部が地中から発見され、一三世紀中頃以前は高さが約四八メートル（一六丈）あった可能性が高くなりました。大社の建物は柱間《はしらま》二間《けん》四方《ほう》で、入口は中心になく左右非対称で、その形式は神宮と対照的です。おそらく大社の建築は、伊勢神宮の確立とともに、地方神の代表、象徴として、一対の建築形式につくり出された可能性が高いと思われます。

　この特別な意味を付された二社を中心に、八世紀には、天皇の代替わりのときに仮設される大嘗宮《だいじょうきゅう》と類似する平面の住吉大社《すみよしたいしゃ》（「住吉造《すみよしづくり》」）、奈良春日大社《かすがたいしゃ》の「春日《かすが》造《づくり》」、京都加茂《かも》神社の「流造《ながれづくり》」など、畿内の有力豪族が祭祀《さいし》を行う神社に各々独特な形の建築形式が採用されます。また、その中で最も簡単につくることができ、移動も容易な流造と春日造が全国的に広まります。そして、仏教建築の影響を強く受けた宇佐《うさ》神宮（「八幡造《はちまんづくり》」）など、地方も含めて、神を祀る社殿の主だった形式は平安時代までには出揃い、それぞれの「使い方」に応じて儀式を行うための弊殿《へいでん》や拝殿《はいでん》が付設されていきます。

　日本では一つの神社に多くの神が祀られるため主神《しゅしん》を祀る正殿の周りに関連の神を祀る摂社《せっしゃ》、末社《まっしゃ》が建てられます。これら多くの建物を廊下でつなぎ、海上に建つように構成したのが広島の厳島《いつくしま》神社で、中央の権力者による地方神《ちほうしん》への帰依により大きくなった神社の代表例です。

続く鎌倉時代以後にはそれらを複合、変形した形式がつくり出され、建築彫刻などの装飾的要素が加えられます。まず神を祀る本殿では、流造を横につなぎ合わせた連棟《れんとう》形本殿、流造、春日造の本殿庇《ひさし》下に、前室がついた前室付流造や前室付春日造、旧来建物の周りに何重にも庇を増築し、巨大な建物になったため、一つの建物に並行する二つの入母屋《いりもや》屋根をかけた吉備津《きびつ》神社本殿の比《ひ》翼《よく》入母屋造などの増設形建物がつくられます。そして鎌倉時代以後装飾的要素も加えられ、南北朝以降に流造の屋根正面には千鳥破風《ちどりはふ》がつけられ、春日造の向拝《こうはい》屋根の軒《のき》には曲線の軒唐破風《のきからはふ》が設けられるなど、屋根の装飾化が進みます。室町時代初期からは扉の上などに彫りの深い欄間《らんま》彫刻が入るようになり、建物を廻《まわ》る縁《えん》の両脇奥に立てられる脇障子《わきしょうじ》の壁面にも薄肉彫りの彫刻が入るようになります。

「最古の建築」

日本建築の解説の中で、「最古の寺院建築」「最も古い神社建築」などと書いてある物がありますが、「最古の

表 1　最古の建築

様式名称	神明造	大社造	住吉造	春日造	流造	八幡造	日吉造	権現造
国宝指定・発祥の建物	伊勢神宮内宮正殿（未指定）	出雲大社本殿	住吉大社本殿四棟	春日大社本殿四棟	賀茂別雷神社本殿	宇佐神宮本殿	日吉大社東本宮本殿	日光東照宮
建立年代	2013年	延享元年（1744）	文化7年（1810）	文久3年（1863）	文久3年（1863）	安政2年～文久元年（1855～62）	文禄4年（1595）	寛永13年（1636）
同形式の国宝建築				宇太水分神社本殿	賀茂御祖神社本殿			久能山東照宮
建立年代				元応2年（1320）	文久3年（1863）			元和3年（1617）
現存最古の建物	仁科神明宮本殿	神魂神社本殿	住吉神社本殿（福岡・重文）	円成寺春日・白山堂	宇治上神社本殿内殿	石清水八幡宮本殿	日吉大社西本宮本殿	北野天満宮大崎八幡宮
建立年代	江戸中期（1661～1750）	天正11年（1583）	江戸前期（1615～60）	安貞年間頃（1227）	11世紀後半	寛永11年（1634）	天正14年（1586）	慶長12年（1607）

…」には、「実際に最も古い建物（遺構）が残っている」という意味と、現在の建物は新しいが、「建物が初めてつくられた記録、歴史年代（創建年代、伝承の場合も多い）が最も古い」という二通りの意味があります。各地の寺社が行う一般的な解説では、後者の意味で使っているところが多く、大変紛らわしいものです。特に国家、地域の中心的神社建築では式年造替《しきねんぞうたい》（遷宮《せんぐう》）という数十年に一度の建替えがあるため、創建年代は古いのですが、いま残っている建物（遺構）は新しいものがほとんどです。

神社におけるこの関係を表にしてみると表1のようになります。

住宅建築の様式
――「寝殿造」、「書院造」、「数寄屋造」

日本の住宅建築には、平安時代の貴族住宅に使われた寝殿造《しんでんづくり》と、室町時代から桃山時代に形成された書院造《しょいんづくり》、そして桃山時代から江戸初期に生まれた数寄屋造《すきやづくり》の三つの様式があります。

平安時代の寝殿造は、現在一棟も残っていませんが、寝殿と呼ばれる南面する建物を中心に東西、北、北東に対屋《たいのや》という付属建物を建て並べて、廊《ろう》（廊下）でつないでいました。そして、それぞれの建物は中心部分の母屋《おもや》の周りに庇《ひさし》という空間を巡らし、円柱が立ち並ぶ建物の内部に間《ま》仕切りはほとんどなく、板敷《いたじき》の内部を几帳《きちょう》や屏風《びょうぶ》等の仮設間仕切りで仕切って使用していました。

これが鎌倉、室町時代に簡略化され、さらに母屋、庇の構成がなくなって平面がいくつかの部屋に分割されます。間仕切りも固定され、使い勝手と収まりがよいように間仕切りには引戸《ひきど》を入れ、柱は角柱になります。そして、部屋の大きさに応じて天井が張られ、板敷の一部に置いて使用していた畳（置畳《おきだたみ》）も一五世紀には部屋全体に敷き詰められるようになります。これに鎌倉末から室町時代に、中国からの輸入品である「唐物《からもの》」を飾るための長い板（押板《おしいた》）や棚、文机《ふづくえ》がつくり付けとされて、床（押板）、棚、書院の座敷飾りの形式が整います。安土・桃山時代（一五七三〜一六〇三年）、低い身分から天下人になった豊臣秀吉がこの形式を室町時代の将軍にならって配下大名との対面に多く使い、それを徳川政権（一六〇三〜一八六八年）が継承、広めて書院造が確立します。

書院造はこのような過程で構成されるので、初期のものは金碧《きんぺき》障壁画、透彫《すかしぼり》で満たされた欄間《らんま》彫刻など豪華な装飾がなされており、それぞれの建物における格式、権威の表現が特徴です。また大規模な御殿《ごてん》では対面《たいめん》所《じょ》、白書院《しろしょいん》、黒書院《くろしょいん》など、公式な対面、親密な者との対面、面会、私的空間として使う書院など、目的によって大きさ、平面構成を変え、対面所の壮大豪華で見る者を威嚇するような障壁画から、黒書院の落ち着いた水墨画まで意匠も使い分けています。

　桃山時代、広く豪華な書院造の座敷を広間《ひろま》と呼ぶのに対して、小座敷《こざしき》、囲《かこい》、数寄屋《すきや》、のちに小間《こま》と呼ばれる茶会専用の座敷、建物が一対でつくられるようになります。小間とは大きさ四畳半以下の茶座敷で、これをもとに、村田珠光《むらたじゅこう》、武野紹鷗《たけのじょうおう》をへて千利休《せんのりきゅう》が農家の意匠を取り入れた草庵《そうあん》風茶室の新形式を大成します。利休の師・紹鷗は書院造を簡略化し、床だけをつけ、竹を材料に使った茶室をつくり、利休はこれを改良して、ほとんど土壁《つちかべ》で閉じ、壁の下地《したじ》を見せた窓などから茶会に必要な光だけを取り入れた空間にし、最小二畳まで様々な種類の茶室をつくります。これに対して、利休の弟子・古田織部《ふるたおりべ》や織田有楽《おだうらく》などの大名茶人は、三畳に大目畳《だいめだたみ》ほどの大きさの茶室に、相伴席《しょうばんせき》という控えの間をつけた大名が使いやすい茶室を主につくり、利休の茶室を様々な手法を使って変形し不整形かつ明るく美しい表現の茶室をつくるようになります。さらに織部の弟子・小堀遠州《こぼりえんしゅう》はさらにこれを推し進めて「綺麗さび」と呼ばれる、見るからに美しい表現の茶室、茶座敷をつくり、これが書院造に取り入れられて現在「数寄屋造」と呼んでいる住宅様式がつくられます。

日本建築様式の特徴

　さて、ここまで寺院、神社、住宅の三つの領域について、その代表的な様式を述べてきましたが、日本建築の様式はヨーロッパなどと比べるとそのあり方に二つの特徴があります。

　一つは、ある様式が流行してもすべての建物がその様式でつくられるのではなく、以前からある古い様式でつくられる建物はかなりあって、新しい様式と古い様式が併存して使われ、また穏やかな折衷が進むということです。

　例えば、寺院建築に中国から禅宗様がもたらされても、すべての禅宗建築が禅宗様になるのではなく、和様でつくられる禅宗建築も少なからず存在しました。そして、時間がたつと純粋な禅宗様建築は数が少なくなり、禅宗様と和様が混じり合った折衷の建物になります。これは寺院の様式ばかりではなく、神社の様式、住宅の様式についても同様です。つまり、日本では外部から強い表現が入ってきてもいつの間にかそれを日本に合った穏やかな表現（曖昧な表現）に変容させてしまうのです。このため日本建築を、確固たる様式概念で細分化し、厳密に定義するのは、本当はかなり難しいのです。

もう一つは、様式の混淆《こんこう》と同じく、日本では神に対する信仰と仏に対する信仰が明確に分けられていたのではなく、早くから混淆し、仏教と神道の両者を信仰対象にする神仏混淆（習合《しゅうごう》）と呼ぶ形態が普通だったことです。神仏混淆の歴史は古く、遅くとも八世紀には主要な神社に神宮寺《じんぐうじ》と呼ぶ寺院がつくられ、逆に大きな寺院には鎮《ちん》守社《じゅしゃ》が定められて、江戸時代まで寺社建築が併存するのが普通でした。この神仏混淆信仰の代表である山岳信仰では、平安時代に日本独自の形式の「懸造《かけづくり》」と呼ばれる建物がつくられ、都では死者を神として祀る御霊《ごりょう》信仰の建築がつくり出されます。

例えば、室町時代に京都吉田神社は、密教儀礼であった護摩《ごま》を取り入れるなどの神仏混淆の新理論をつくり上げ、伝統的な神社正殿（本殿）の形式をすべて取り入れた大元宮《だいげんぐう》をつくります。また戦国時代の覇者であった秀吉、家康の後継者たちは神仏混淆思想を利用し、秀吉を豊国大明神として祀る豊国廟《とよくにびょう》や、家康を東照大権現《とうしょうだいごんげん》として祀った東照宮など、装飾的要素を多用した華麗な霊廟建築をつくったのです。

日本建築の特質と見方

庭と建築

日本人は現在でも、「家に帰る」「家を出る」というような言葉を使いますが、日本最古の文献（「風土記《ふどき》」「古《こ》事記《じき》」「日本書紀《にほんしょき》」「万葉集《まんようしゅう》」）を調べると、「家《イヘ》」とは建造物を指すのではなく、庭と建物を一体として指す言葉であったことがわかります。この「家」という言葉の使い方が示すように、日本の建物と庭は一体のものとして捉え続けられて来ました。

飛鳥《あすか》時代には、庭の池に中島《なかじま》をつくって「島の大臣《おとど》」と呼ばれた蘇我馬子《そがのうまこ》、西園《さいえん》に中国風の曲席《きょくせき》（おもしろい席）、閣《たかどの》（高い建物）をつくり、佐保の別荘庭園には黒木の柱と茅葺《かやぶ》き屋根の日本風建物をつくった長屋王《ながやのおおきみ》がいます。また、奈良時代の住宅建築、法隆寺伝法堂《でんぽうどう》（旧橘《たちばな》夫人住宅）や藤原豊成《とよなり》邸を見ると板壁扉で閉じた空間の他に壁がほとんどない吹放《ふきはな》ちの部分や露天《ろてん》の板敷が設けられ、庭と建物の一体化が意識されていたことがわかります。

平安時代の寝殿造《しんでんづくり》の庭は、北にある寝殿、対屋《たいのや》、東と西の長い廊下で三方が区切られ、南に池を設け廊下先端には池に面して「泉殿《いずみどの》」「釣殿《つりどの》」と呼ぶ建物をつくっていますが、寝殿の前は何もない広庭《ひろにわ》です。寝殿造は身分の高い貴族の住宅形式で、寝殿前の広庭は正月、大臣に任命されたときの大饗《だいきょう》や年中行事《ねんじゅうぎょうじ》の鶏合《とりあわせ》など、儀式行事を行うためのものでした。この寝殿造庭の作庭法《さくていほう》を書いた書物が「作庭記（前栽秘抄《せんざいひしょう》）」で、その成立は平安時代末頃、遅くも鎌倉初期と推定され作者は橘俊綱《としつな》と伝えられています。作庭記には、木の植え方から石の立て方、水の流し方まで細かく記されており、その後の作庭法の基本になります。橘俊綱は平等院阿弥陀《あみだ》堂をつくった藤原頼通《よりみち》の子供ですが、頼通は自邸高陽院《かやのいん》の庭をつくるとき、自分で指図してつくらせたとあり、作庭に関してかなり詳しかったことがわかります。鎌倉幕府の初代将軍・源頼朝も永福寺《えいふくじ》の石組について供養目前に修正させていますから、時の権力者は庭に関するかなりの美意識を持っていたと考えられます。

鎌倉時代に武家中心の政治体制になると、庭を使った大規模な儀式の必要はなくなり、寝殿造前の広庭の必要もなくなります。そのため池が建物間近まで迫って設けられ、庭は使う庭から主に景色を眺めるための庭へと変化します。建物では、池まで長く延びていた東西の廊下の一方は省略され、中門廊《ちゅうもんろう》と呼ばれる主屋《おもや》から突出した部分だけが残りますが、中門廊は入口寄りに壁が立つだけの吹放ちで、広縁《ひろえん》、落縁《おちえん》とともに庭と建物を見事につなぎます。書院造《しょいんづくり》が芽生え整ってきたこの頃の庭づくりの伝書には「山水並野形図《せんずいならびにのがたのず》」（室町中期）があり、石は出棚《でだな》（出文机《いだしふづくえ》、のちの付書院《つけしょいん》）の前あたり、晴《は》れがましいところに立つべきとあります。

鎌倉時代に中国からもたらされた禅宗《ぜんしゅう》の建築は境《きょう》や景《けい》といって修行のための景観を重視しました。渡来僧・蘭渓道隆《らんけいどうりゅう》による建長寺《けんちょうじ》創建の約三〇年後に、鎌倉円覚寺《えんがくじ》を創建した無学祖元《むがくそげん》は、道隆時代の庭と自分の時代の庭を比較し、古人の境はただ築山《つきやま》（人工の小山）をつくり松や柏（柏槇《びゃくしゃん》）など修行にかかわる植物を植えるだけで足りたが、現在では、「尺寸《しゃくすん》の内に千里万里の境致《きょうち》を表す」造形にしなければならなくなっているといっています。ここには、いまだ自然と建築との関係は示されていませんが、南北朝時代から室町前期に活躍した臨済《りんざい》僧・夢窓疎石《むそうそせき》の作事《さくじ》には、人工的庭と建物によって境を形成するという考え方が如実に表現されています。その作例として、多治見《たじみ》の永保寺《えいほうじ》に古い庭と建物（観音堂《かんのんどう》、開山堂《かいさんどう》、室町前期）が残っています。京都の西芳寺《さいほうじ》庭園は夢窓《むそう》の代表作で後の北山殿《きたやまどの》（鹿苑寺《ろくおんじ》）金閣《きんかく》や東山殿《ひがしやまどの》（慈照寺《じしょうじ》）の手本になります。その上段、洪隠山《こういんざん》の石組は日本で初めての、石だけで構成された枯山水《かれさんすい》庭園です。夢窓後、大慈院梅亭《だいじいんばいてい》（一三八四年）の庭について「東《とう》軒《けん》尺寸の間に千巌万壑《せんがくばんがく》の勢《せい》を幻出《げんしゅつ》したるはこの時なり」という記録があり、この頃には建物軒下の狭い敷地に広大な世界観を表現するような庭がつくられ始めていたと考えられます。その代表的な遺構が大徳寺《だいとくじ》の塔頭《たっちゅう》・大仙院《だいせんいん》の客殿《きゃくでん》と庭で、名石による石組、広く低い縁と屋根の深い軒先、庭の中ほどに設けられた団亭《かてい》が内外を一体化したゆるぎない禅修行の空間をつくっています。

茶室の庭は、現在「露地《ろじ》」といっていますが、千利休の時代には「路地」あるいは「路次」で、それは茶室への通い道を意味していました。利休の師、武野紹鴎の四畳半座敷を見ると座敷の西と北に塀で区切った幅半間ほどの坪《つぼ》と呼ばれる空間があり、客はこの坪ノ内を通り、縁から座敷に入っています。これを廃し、広い面積に植物を植え、飛石《とびいし》、門、手水《ちょうず》（蹲《つくばい》）を配した現在の露地の形式をつくったのが利休と伝えられています。利休は茶会以外に「目が移らぬよう」に、花の咲く植物は植えず、飛石は歩行に応じて千鳥《ちどり》に配し、「渡り六分に景四分」と、意匠が勝ち過ぎないよう「さわやかに」露地を構成したといわれます。妙喜庵《みょうきあん》待庵《たいあん》の露地にその特徴が残っています。利休の弟子・古田織部《ふるたおりべ》は手水（蹲）の前に花の咲く植物を植え、動線を交差させて露地に動感を与え、後の記録に利休を転じて「渡り四分に景六分」にしたとあるような「うるわしい」露地をつくりました。織部好みの露地は京都の藪内家《やぶのうちけ》・燕庵《えんあん》にあります。一方貴族には、古くから庭の中で休息し、景色を楽しむ茶屋のような建物をつくる文化がありましたが、桃山時代の茶会や露地の流行に刺激を受け、貴族らしい洗練された造形が生み出されます。後水尾上皇《ごみずのおじょうこう》がつくった修学院離宮《しゅがくいんりきゅう》の大借景《しゃっけい》庭園や八条宮智仁《はちじょうのみやとしひと》、智忠《としただ》親子二代の親王がつくった桂離宮《かつらりきゅう》の庭がその代表です。池の周りに茶屋を配してそれを巡って楽しむ、いわゆる池泉《ちせん》回遊式の庭園となっています。

　庭園の文化財指定では、名勝が建造物の重要文化財、特別名勝が国宝にあたると考えるとわかりやすいと思います。国指定の特別名勝は三十六件、名勝は三百九十件（二〇二二年現在）あります。

表２　創建当初の建物と景観・庭園全体が残る例

名称	建物	景観・庭園
●寺院		
法隆寺西院伽藍	飛鳥時代の建築（金堂、五重塔、廻廊、中門）	廻廊内の景観
室生寺	奈良末〜平安時代の建築（金堂、五重塔）	奈良末山岳寺院の景観
三仏寺	平安時代の懸造（奥院投入堂）	平安時代地方山岳寺院の景観（行場）
平等院	平安時代の代表的阿弥陀堂（鳳凰堂）	鳳凰堂周囲の浄土式庭園
浄土寺（兵庫県）	代表的大仏様建築（浄土堂）	快慶作阿弥陀三尊立像の見せ方
永保寺	南北朝時代創建の禅宗建築（観音堂、開山堂）	亭橋を架けた池、巌を生かした禅宗庭園
大徳寺大仙院	室町時代の禅宗塔頭方丈（客殿）	方丈の東北に作られた枯山水庭園
大徳寺聚光院	桃山時代の禅宗塔頭方丈（客殿）	方丈前庭の枯山水庭園
●神社		
伊勢神宮	飛鳥奈良時代の様式を維持する正殿、宝庫	奈良時代以来の神社境内
春日大社	平安時代の形式を維持する本殿、御廊、幣殿	春日山麓に展開する奈良時代以来の景観
●住宅		
園城寺光浄院	室町時代末初期書院造形式の客殿	客殿前面の平庭、側面の苑池
二条城二の丸御殿	江戸初期の代表的御殿（車寄、大広間他）	天皇行幸に際して設けられた庭園
西本願寺	江戸初期書院造建築群（対面所、白書院、舞台）	庭園、能舞台を設けた前庭
妙喜庵	桃山時代の茶室（待庵）	待庵の露地
桂離宮	江戸初期数寄屋造建築群（古、中書院、新御殿）	江戸初期の池泉回遊式庭園

表 国宝建築史

時代	住宅	寺院	住房・院	神社
593 飛鳥		仏教建築の伝来 【飛鳥寺院】 飛鳥寺 法隆寺	山林寺院	官社制 【社殿形式の確立】 神明造（伊勢） 大社造（出雲） 住吉造（住吉）
710 奈良	法隆寺東院伝法堂 （旧橘夫人住宅）	東大寺大仏殿 和様 唐招提寺金堂	東大寺法華堂 東大寺二月堂 石山寺正堂	春日造（春日） 流造（上賀茂・下鴨） 八幡造（宇佐）
794 平安	寝殿造 東三条殿 京都御所清涼殿 紫宸殿	密教 《真言》 【多宝塔、灌頂堂】 教王護国寺講堂 《天台》 延暦寺根本中堂 末法思想・源信 【阿弥陀堂】 （九体阿弥陀堂） 法成寺阿弥陀堂 浄瑠璃寺阿弥陀堂 （阿弥陀堂・三間堂） 平等院阿弥陀堂 中尊寺阿弥陀堂	山岳信仰 【礼堂付設】 長谷寺 清水寺 延暦寺法華堂 延暦寺常行堂 （山の念仏） 東寺大師堂	日吉造（日吉） 【権現造】 北野天満宮 複合形 厳島神社 【神仏混淆】 三仏寺投入堂
1185 鎌倉	寝殿造の簡略化	東大寺再建・重源 大仏様 → 新和様 禅宗 禅宗様 → 折衷様 東福寺 建長寺 円覚寺 浄土寺（広島） 鶴林寺	高山寺石水院	連棟形 神谷神社（三間社） 装飾彫刻入 大笹原神社 新羅善神堂
1333 室町	会所（座敷飾り） 【別荘】 東山殿（慈照寺） 銀閣（観音殿） 初期 書院造		塔頭方丈 東福寺竜吟庵 【枯山水庭園】 大徳寺大仙院 園城寺光浄院客殿 園城寺勧学院客殿	増築形 吉備津神社
1573 安土	城郭 【巨大天守】 安土城			
桃山	大阪城 対面所 聚楽第 姫路城 彦根城 二条城御殿 西本願寺 茶室・千利休 【数寄屋】 待庵 数寄屋造			霊廟 高台寺御霊屋 豊国廟 都久夫須麻神社本殿 宝厳寺唐門
1615 江戸 1867	如庵 密庵 桂離宮 修学院離宮	【黄檗宗】		久能山東照宮 日光東照宮 大崎八幡宮

※アミかけ文字のものは後年の再現か現存しない

写真 1　法隆寺西院伽藍　写真左から金堂、中門、五重塔。廻廊に囲まれた空間は、最初、僧侶も特別な儀式のときにしか入れない聖域だったと考えられている。古代には廻廊の外だった北側の講堂の方から見ている景観。

写真2　法隆寺西院の廻廊　ほぼ同じ形式の廻廊が山田寺（7世紀中頃）の遺跡から発掘されており、古い形式がそのままを残されていることが明らかになった。

写真 3　中門見上げ　飛鳥時代の様式で建てられた特徴、柱の胴張、雲形肘付、皿斗が付く大斗が見える。柱上部に入る貫は鎌倉修理で加えられた。[以上写真 © 飛鳥園]

1章　奈良の古寺

飛鳥・奈良時代の寺院

日本に残る最も古い木造建築は、法隆寺にある金堂《こんどう》、塔、中門《ちゅうもん》、廻廊《かいろう》で、これは世界最古の木造寺院でもある。奈良県の飛鳥《あすか》に都が置かれていた飛鳥時代（五九三～七一〇）と、続く奈良時代（七一〇～七九四）に建てられた建築は、現在、わずか二十棟しか残っていない。それらの国宝建築鑑賞の鍵は、当時の最新文化であった仏教の伝来と、それに伴ってつくられた寺院建築の形にある。

六世紀末頃、日本初の本格的仏教建築である法興寺《ほうこうじ》（飛鳥寺《あすかでら》）が完成する。瓦葺《かわらぶき》の屋根で、軒には曲

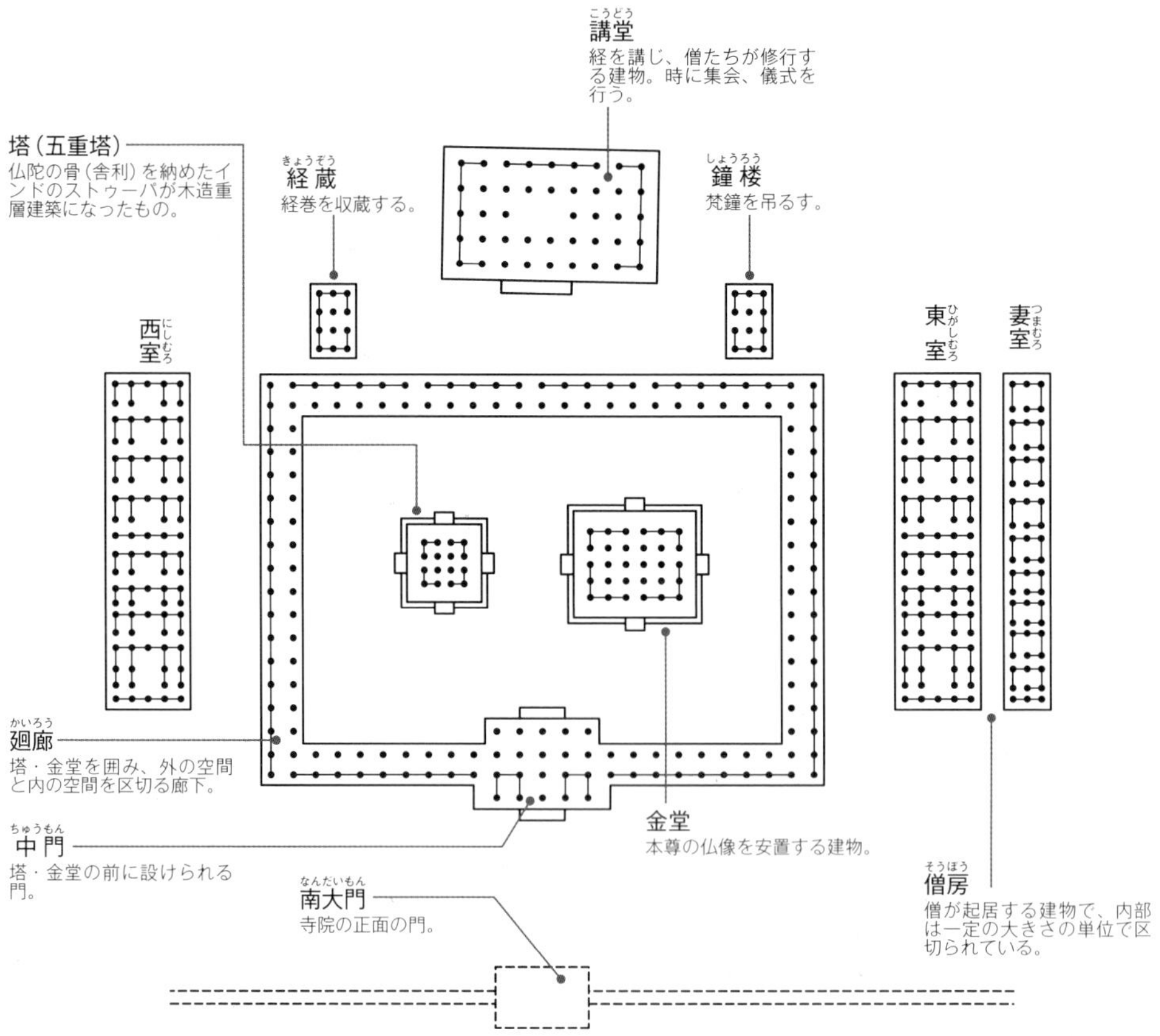
講堂《こうどう》
経を講じ、僧たちが修行する建物。時に集会、儀式を行う。
塔（五重塔）
仏陀の骨（舎利）を納めたインドのストゥーパが木造重層建築になったもの。
経蔵《きょうぞう》
経巻を収蔵する。
鐘楼《しょうろう》
梵鐘を吊るす。
西室《にしむろ》
東室《ひがしむろ》
妻室《つまむろ》
廻廊《かいろう》
塔・金堂を囲み、外の空間と内の空間を区切る廊下。
中門《ちゅうもん》
塔・金堂の前に設けられる門。
南大門《なんだいもん》
寺院の正面の門。
金堂
本尊の仏像を安置する建物。
僧房《そうぼう》
僧が起居する建物で、内部は一定の大きさの単位で区切られている。

図 1　伽藍の構成　法隆寺西院伽藍復元平面図。［イラスト © ジェイ・マップ］

線（反《そ》り）が入り、礎石《そせき》の上に太い柱が立ち、その上には斗《ます》と肘木《ひじき》が組み合わされた組物が屋根を支え、それらには赤や青の鮮やかな色が塗られた巨大な寺院建築は、それまでにないまったく新しい姿で立ち現れる。しかも、建物は一棟のみではなく、多くの建物が廻廊に囲まれた空間を中心に、一体となって整然と配置（伽藍《がらん》配置）されていたのである。

伽藍配置の変遷

発掘調査の結果等から、この伽藍の変遷を見ると、七世紀初頭までの飛鳥寺や四天王寺《してんのうじ》では伽藍の中心軸線上にあった塔が七世紀の中頃の川原寺《かわらでら》では仏像を祀る金堂と横に並び、後半の薬師寺《やくしじ》では塔が二つになり、八世紀中頃の東大寺《とうだいじ》では塔が廻廊の外に出されてしまう。これは、本来最も重要であった仏陀《ぶっだ》の遺骨を納める塔が、信仰の対象としてよりも伽藍の視覚的象徴として捉えられるようになったことを示していると考えられる。寺院が建てられ始めた飛鳥時代の形式を残す法隆寺の、まっすぐな参道を歩み、南大門から伽藍の全体を見れば、当時の人々が驚嘆したであろう壮大かつ整然とした伽藍の姿を味わうことができ、薬師寺や東大寺では、再建伽藍ではあるが、伽藍形式とその美の変遷を知ることができる。

また、これら八世紀中頃までの伽藍では、僧たちが講義を聴き修行に使う建物である講堂は、廻廊の外に離れて、あるいは接して建てられていた。法隆寺では、平安時代の記録にも、特別なとき以外に僧侶は金堂の中に入れないとあるから、塔、金堂のある廻廊の中は仏のための空間で、僧たちでも特別な修行や儀式以外は入らない空間だったらしい。そのため現在でも、塔、金堂のある廻廊内部に足を踏み入れると静かで厳かな空気を感じるのである。伽藍の中心であるこの仏教の空間を感じることが、この時代の、もう一つの寺院の見方である。

次に、個々の建物を見ると全体におおらかで堂々とした姿に見えるであろう。これは屋根の傾斜（勾

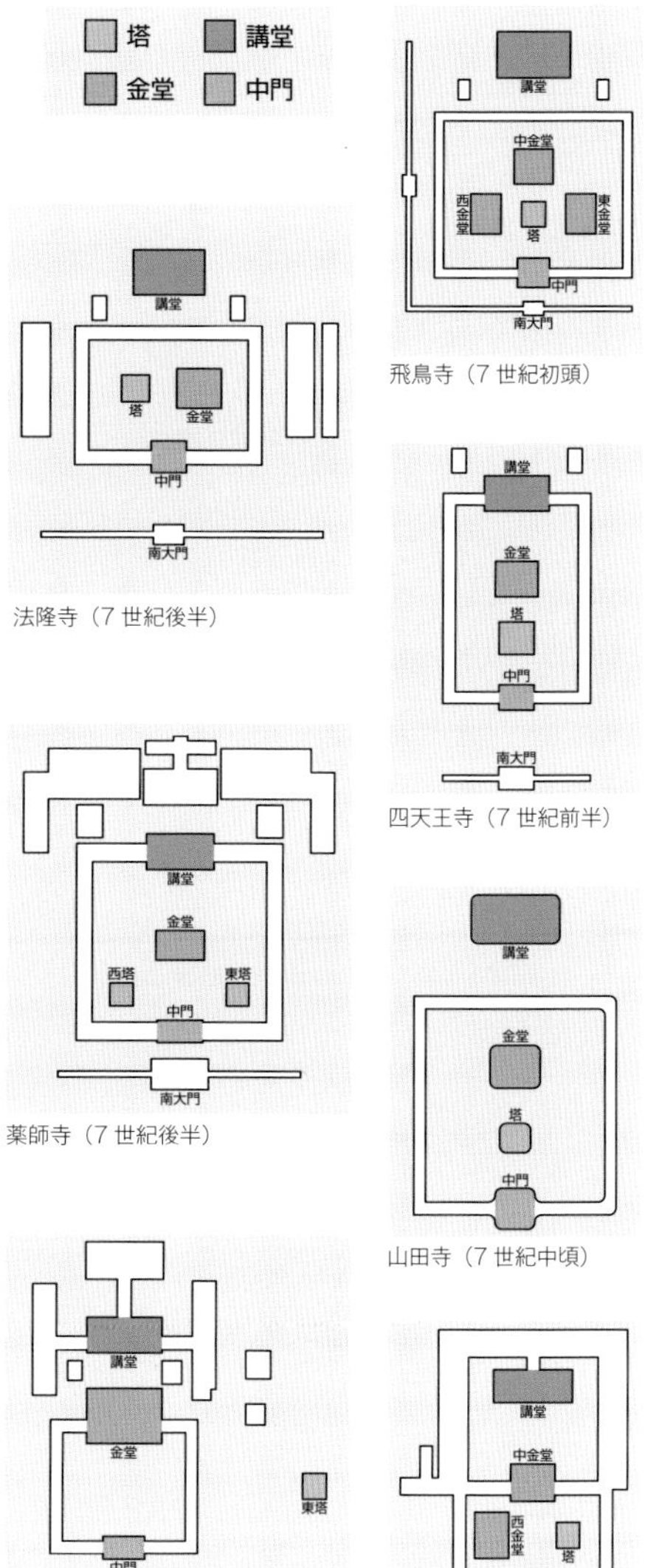

塔
講堂
金堂
中門
講堂
中金堂
西金堂
塔
東金堂
中門
南大門
飛鳥寺（7世紀初頭）
講堂
塔
金堂
中門
南大門
法隆寺（7世紀後半）
講堂
金堂
塔
中門
南大門
四天王寺（7世紀前半）
講堂
金堂
西塔
東塔
中門
南大門
薬師寺（7世紀後半）
講堂
金堂
塔
中門
山田寺（7世紀中頃）
講堂
金堂
東塔
中門
南大門
唐招提寺（8世紀後半）
講堂
中金堂
西金堂
塔
中門
南大門
川原寺（7世紀中頃）

図2　古代寺院の伽藍配置　伽藍配置の変遷を見ると、中心にあった塔に替わって金堂が中心になり、廻廊の外にあった講堂も廻廊内に取り込まれていくことがわかる。飛鳥寺から四天王寺までの建物は高麗尺（小尺）を使ってつくられ、川原寺からは唐尺（大尺）が使用されていたにもかかわらず、法隆寺が高麗尺を使っていることが、非再建論の一つの論拠になった。[イラスト©ジェイ・マップ]

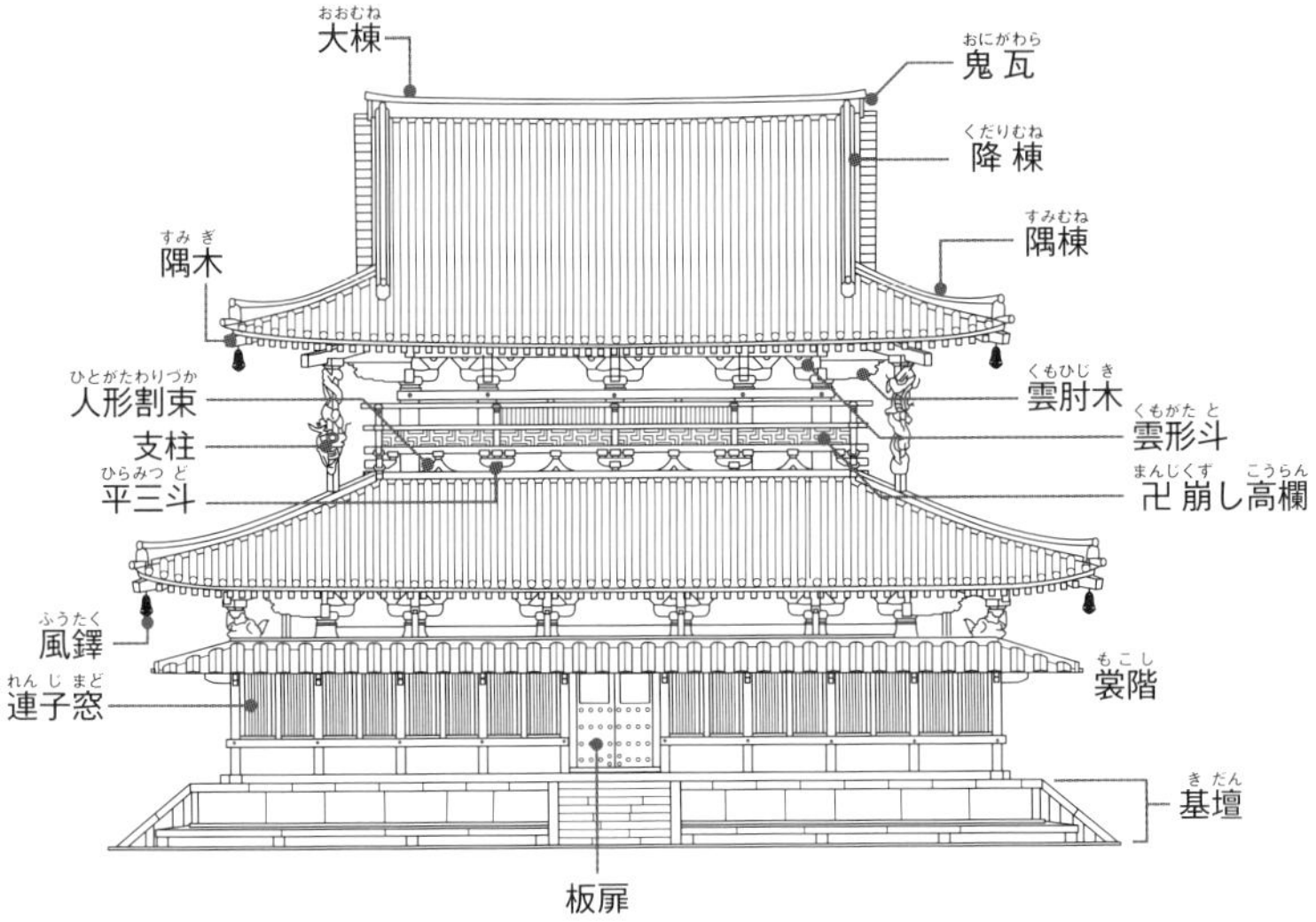
大棟《おおむね》
鬼瓦《おにがわら》
降棟《くだりむね》
隅棟《すみむね》
隅木《すみぎ》
人形割束《ひとがたわりづか》
支柱
平三斗《ひらみつど》
雲肘木《くもひじき》
雲形斗《くもがたと》
卍崩《まんじくず》し高欄《こうらん》
風鐸《ふうたく》
連子窓《れんじまど》
裳階《もこし》
基壇《きだん》
板扉

図３　建物各部の名称（モデル：法隆寺金堂）［© ジェイ・マップ］

写真４　法隆寺東院夢殿　聖徳太子信仰の聖地として天平時代に整えられた東院の中心的建物。本尊は救世観音立像。［写真 © 飛鳥園］

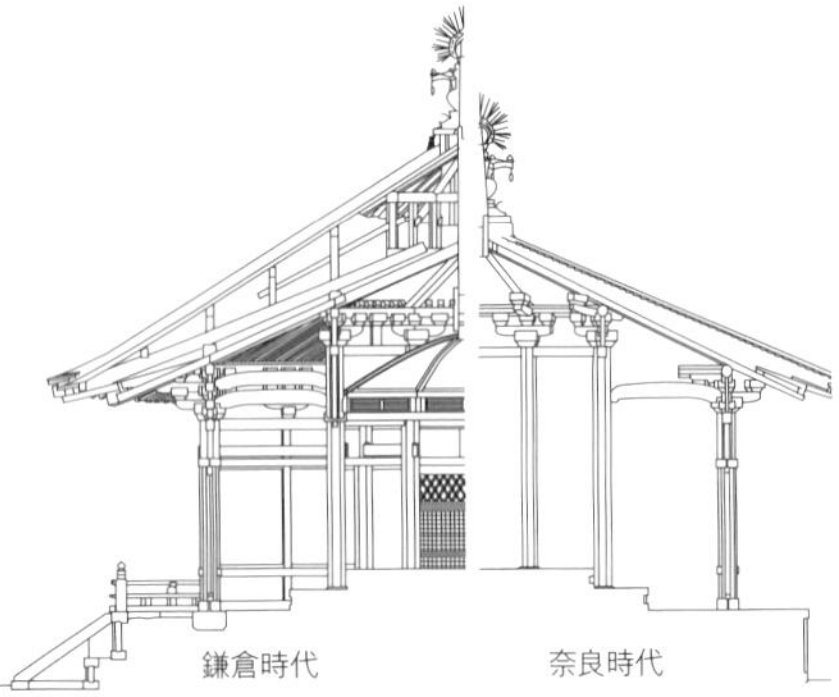
鎌倉時代
奈良時代

図４　夢殿鎌倉時代修繕図［出典：日本建築学会編『日本建築史図集 新訂第三版』彰国社（2011）、p.20］

配）や軒の反りが後の建築に比べて緩やかで、視覚的に軽くゆったりと見え、それに対して柱や梁《はり》などの部材は太く、柱の上の組物も単純な構成になっているからである。その中で、法隆寺では柱に著しいふくらみをつけ、斗や肘木は雲形に形どられ、高欄には卍崩の装飾をつけて建物を飾っている。

法隆寺中門	7世紀後半	奈良県斑鳩町法隆寺山内
法隆寺廻廊	7世紀後半	同上
法隆寺経蔵	8世紀	同上
法隆寺東室	8世紀	同上
法隆寺食堂および細殿	8世紀	同上
法隆寺東大門	8世紀	同上
法隆寺東院夢殿	天平11年（739）	同上
法隆寺東院伝法堂	8世紀	同上
法起寺三重塔	天武13～慶雲3年（684～706）	奈良県斑鳩町大字岡本
栄山寺八角堂	天平宝字年間（8世紀）	奈良県五條市小島町
當麻寺東塔	8世紀後半	奈良県葛城市當麻
室生寺五重塔	9世紀前半	奈良県宇陀市室生区室生

写真５　唐招提寺金堂　奈良時代に建てられた仏堂の姿をよく残している建物。内部いっぱいに巨大な仏像群（国宝）が安置され、そこは人が入る空間ではなかったことがわかる。江戸時代に屋根が急勾配にされており、創建時は現在の３分の２ほどの高さで、もっと屋根のボリュームは小さかった。

写真６　新薬師寺本堂　奈良時代の新薬師寺は興福寺や東大寺に並ぶ壮大な伽藍を持っていた。当時の本堂は唐招提寺の金堂のような大きさで、現本堂は、創建当時は別院の本堂だったらしい。堂内は土間・屋根の内側をきれいに仕上げた天井など、典型的な奈良時代のつくりを見ることができる。［写真提供　中田定観］

表１　飛鳥・奈良時代の建築（国宝）

唐招提寺金堂	8世紀後半	奈良県奈良市五条町
唐招提寺講堂	8世紀後半	同上
唐招提寺経蔵	8世紀後半	同上
唐招提寺宝蔵	8世紀後半	同上
薬師寺東塔	天平2年（730）	奈良県奈良市西ノ京町
正倉院正倉	天平勝宝8年頃（756頃）	奈良県奈良市雑司町
東大寺法華堂	8世紀前半（正堂）・ 12世紀末～13世紀（礼堂）	同上
東大寺転害門	8世紀	同上
東大寺本坊経庫	8世紀	同上
新薬師寺本堂	8世紀後半	奈良県奈良市高畑町
元興寺極楽坊五重小塔	8世紀後半	奈良県奈良市中院町
海龍王寺五重小塔	8世紀前半	奈良県奈良市法華寺町
法隆寺金堂	7世紀後半	奈良県斑鳩町法隆寺山内
法隆寺五重塔	7世紀後半	同上

写真7　東大寺大仏殿　現在の大仏殿は江戸時代（宝永6年1709）の再建で、正面柱間が11間から7間に縮められ、裳階の屋根正面中央に唐破風が付けられているが、高さ約48m、柱間の大きさは天平勝宝4年（752）大仏開眼供養の創建建物と変わらず、奈良時代の偉容を残す。

写真8　東大寺法華堂　写真左四間分は東大寺の創建よりも古い733年の建物。鎌倉時代に右半分の礼堂が改築・接続されている。

写真9　東大寺転害門　創建当初の貴重な建物。［写真 © 田口郁明／アフロ］

写真10　正倉院正倉　三角形に近い断面の材料を積み重ねて壁をつくる校倉造。［写真 © 正倉院］

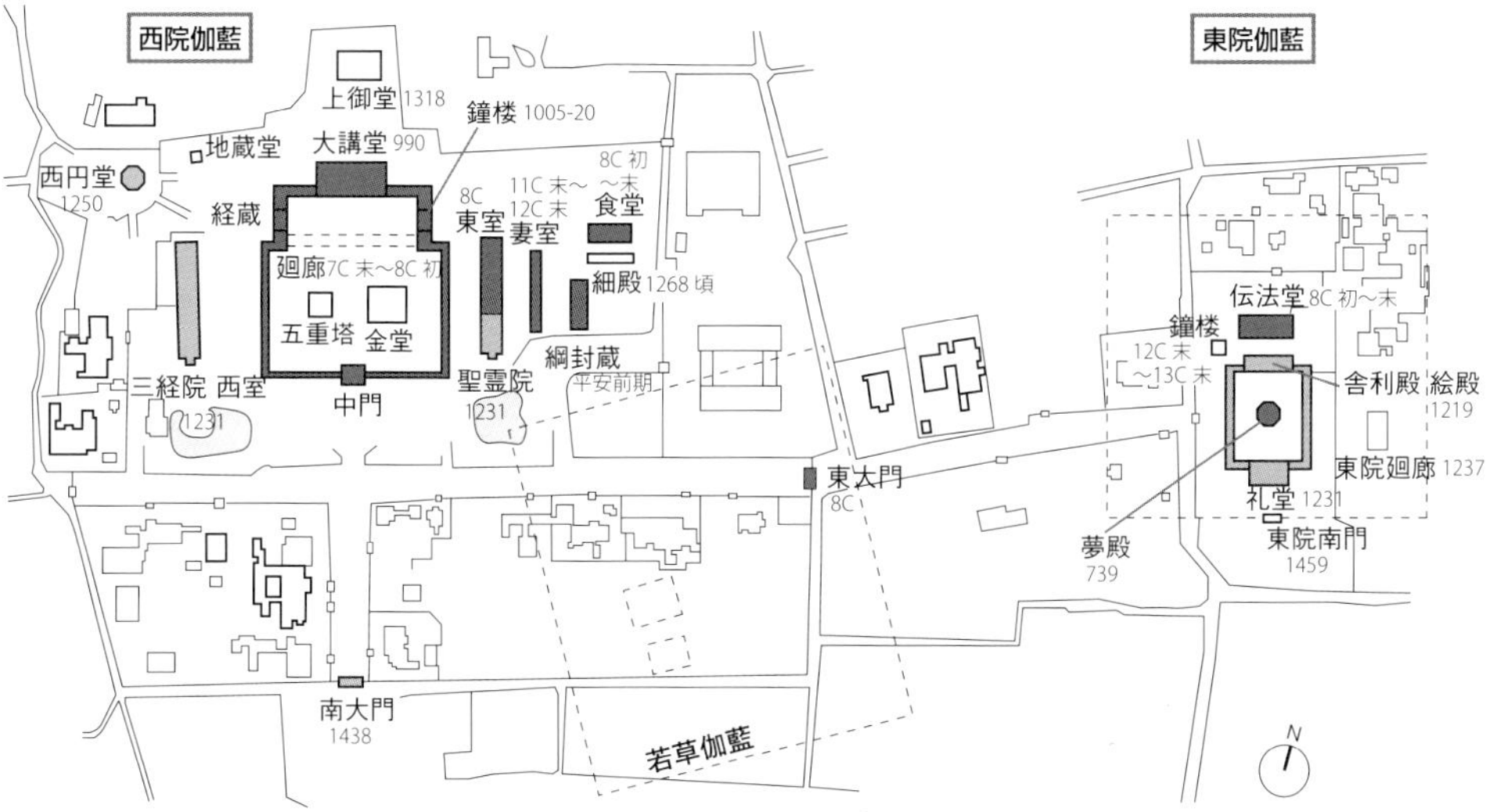

図 5　法隆寺配置図　五重塔、金堂を中心とする西側を西院伽藍、夢殿を中心とする東側と東院伽藍と呼ぶ。西暦 700 年前後に建てられた建築群には古くに施された修理の際の構法がいまも残る。西院大講堂の野屋根、夢殿鎌倉修繕時の桔木、舎利殿絵殿の壁の中に入れられた筋違は、現存最古。

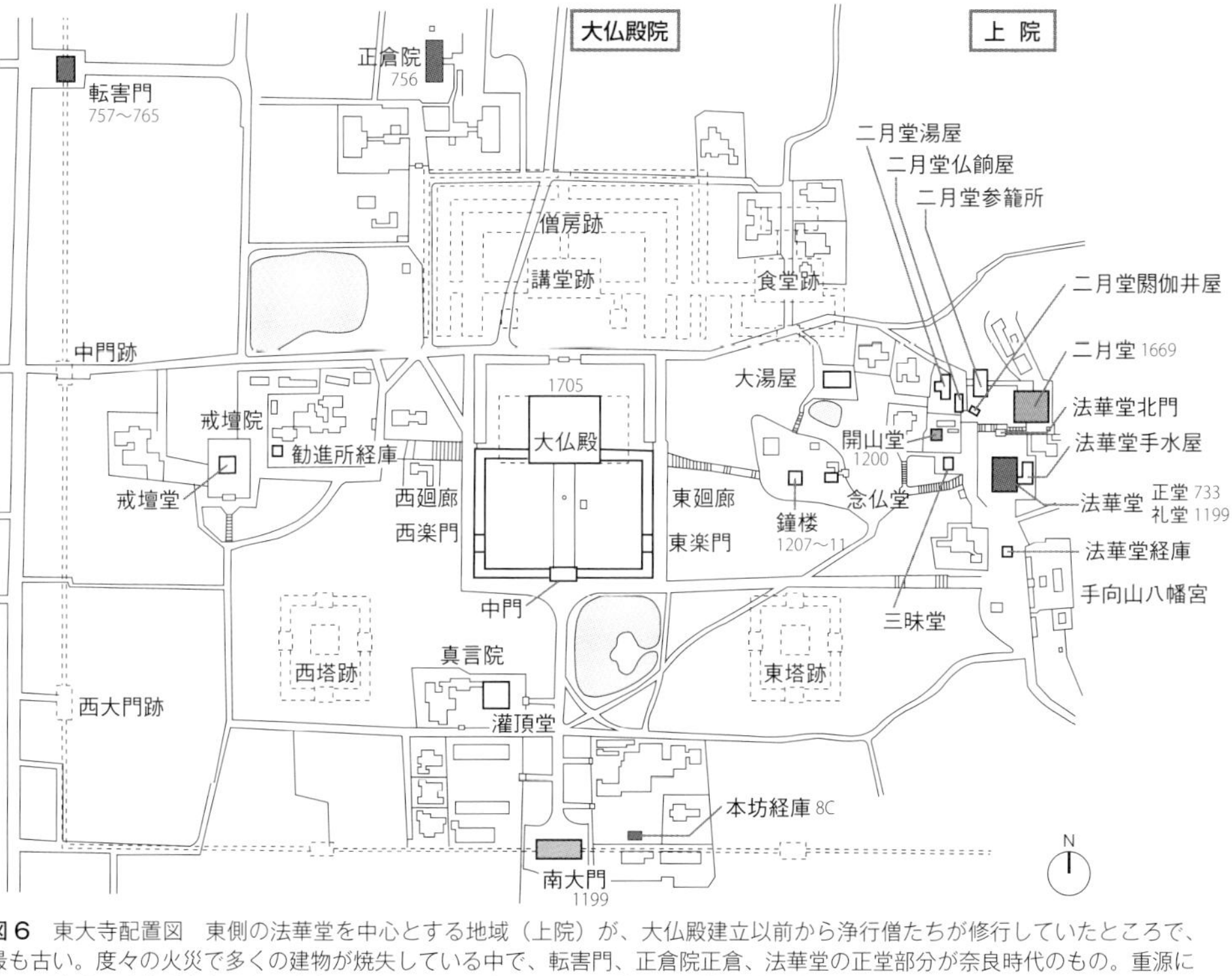

図 6　東大寺配置図　東側の法華堂を中心とする地域（上院）が、大仏殿建立以前から浄行僧たちが修行していたところで、最も古い。度々の火災で多くの建物が焼失している中で、転害門、正倉院正倉、法華堂の正堂部分が奈良時代のもの。重源による再建時の建物が南大門と開山堂の一部にあり、栄西による鐘楼は大仏様に禅宗様の一部が使われている。

2章 塔

使われ方と形

塔とは本来、仏陀《ぶっだ》の墓（ストゥーパ）であり、それが日本に伝わる過程で、木造の高い建物になった。寺院建築の中で最も目立つ塔は、視覚上の象徴でもあり、仏教伝来以後、その姿と内部の変遷は各時代、各宗派の仏教観をも表すようになる。

一般の日本の塔は多層かつ奇数の屋根を持ち、内部は、心柱《しんばしら》が一層目から最上層まで中心部を突き抜け、その上に相輪と呼ぶ金属の飾りをつける。各階には床がなく、塔の建物はあたかもこの心柱の覆屋《おおいや》のようにつくられている。日本最古の塔である法隆寺《ほうりゅうじ》塔の心柱の下には、塔本来のあり方として仏陀の骨（仏舎利《ぶっしゃり》）が納められているが、平安時代に密教が伝えられると、一層目の心柱を中心仏に見立てて絵を描き、他の柱、内壁にも密教の諸尊を描いて密教世界を表現するようになる。

また空海《くうかい》は、平面円形の土盛型で、上部に相輪を乗せた宝塔の外回りに、裳階《もこし》という正方形平面の付属部分をつけた、多宝塔《たほうとう》と呼ぶ特異な形式の塔をつくる。この平面は、密教儀式で使用される曼荼羅《まんだら》の一区画の形に類似しており、曼荼羅が円の中に密教諸尊を描くのに対して、多宝塔内部には密教の仏像が祀《まつ》られ、立体的な曼陀羅のように構成されている。これに対して天台宗では、上下層と

写真1 醍醐寺五重塔　密教の塔としても、京都府の建物としても現存最古。品格と重厚感がある姿。初重内部は壁画や仏像などで両界曼荼羅の世界を表していた。

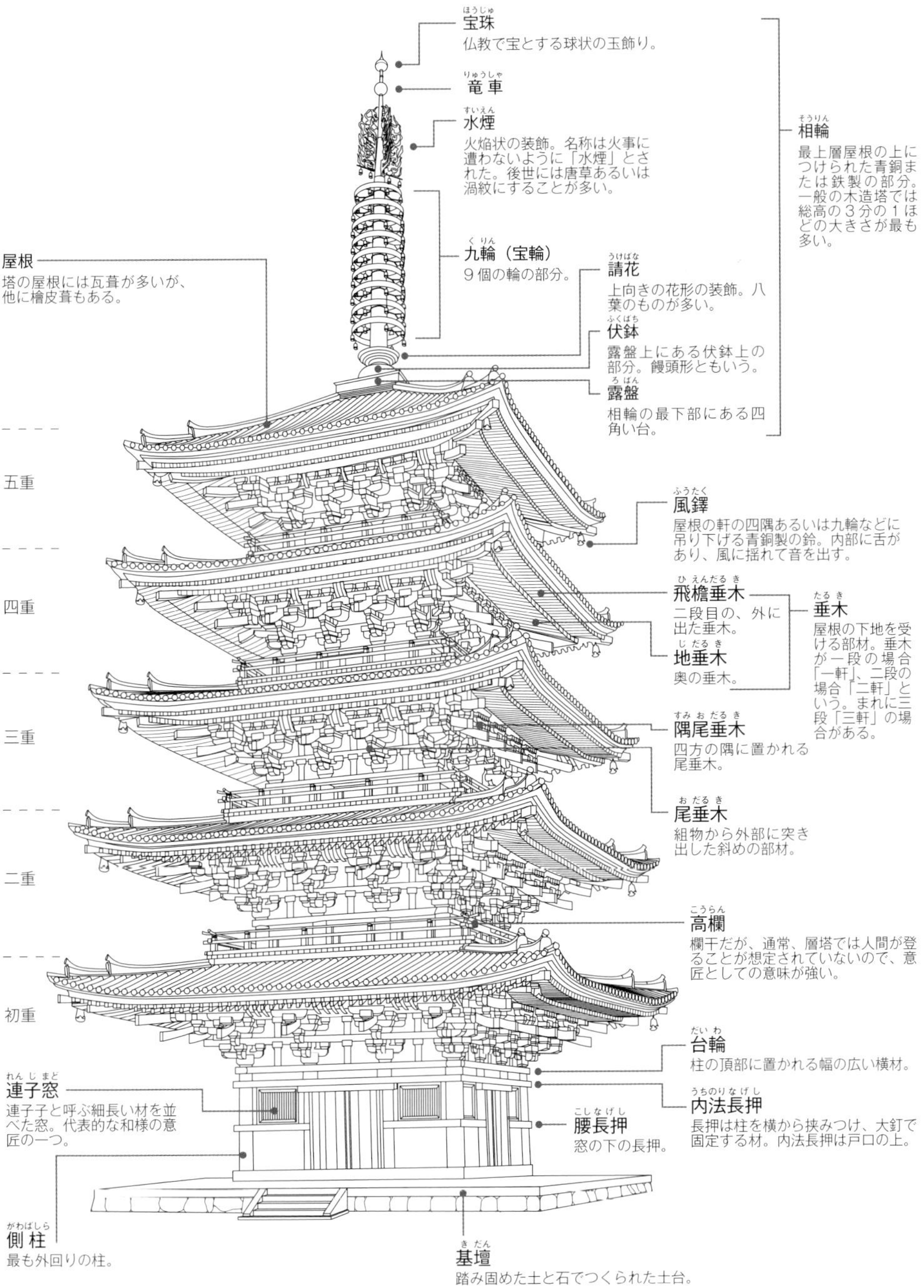
宝珠《ほうじゅ》
仏教で宝とする球状の玉飾り。
竜車《りゅうしゃ》
水煙《すいえん》
火焔状の装飾。名称は火事に遭わないように「水煙」とされた。後世には唐草あるいは渦紋にすることが多い。
九輪《くりん》（宝輪）
9個の輪の部分。
請花《うけばな》
上向きの花形の装飾。八葉のものが多い。
伏鉢《ふくばち》
露盤上にある伏鉢上の部分。饅頭形ともいう。
露盤《ろばん》
相輪の最下部にある四角い台。
相輪《そうりん》
最上層屋根の上につけられた青銅または鉄製の部分。一般の木造塔では総高の3分の1ほどの大きさが最も多い。
屋根
塔の屋根には瓦葺が多いが、他に檜皮葺もある。
五重
四重
三重
二重
初重
風鐸《ふうたく》
屋根の軒の四隅あるいは九輪などに吊り下げる青銅製の鈴。内部に舌があり、風に揺れて音を出す。
飛檐垂木《ひえんだるき》
二段目の、外に出た垂木。
地垂木《じだるき》
奥の垂木。
垂木《たるき》
屋根の下地を受ける部材。垂木が一段の場合「一軒」、二段の場合「二軒」という。まれに三段「三軒」の場合がある。
隅尾垂木《すみおだるき》
四方の隅に置かれる尾垂木。
尾垂木《おだるき》
組物から外部に突き出した斜めの部材。
高欄《こうらん》
欄干だが、通常、層塔では人間が登ることが想定されていないので、意匠としての意味が強い。
台輪《だいわ》
柱の頂部に置かれる幅の広い横材。
内法長押《うちのりなげし》
長押は柱を横から挟みつけ、大釘で固定する材。内法長押は戸口の上。
連子窓《れんじまど》
連子子と呼ぶ細長い材を並べた窓。代表的な和様の意匠の一つ。
腰長押《こしなげし》
窓の下の長押。
側柱《がわばしら》
最も外回りの柱。
基壇《きだん》
踏み固めた土と石でつくられた土台。

図1　層塔の構造（モデル：醍醐寺五重塔）［© ジェイ・マップ］

写真２　根来寺大塔　空海の構想に則ってつくられた日本最大の多宝塔。初重の屋根の上に出た白く塗り固められた部分は多宝塔形式の特徴で、亀腹という。［写真©藤井金治／アフロ］

写真３　薬師寺東塔　奈良時代を代表する塔。各重の下に裳階の屋根があって六重にも見える独特の形。［写真©薬師寺］

写真４　羽黒山五重塔　建立年代は応安５年（1372）だが、古式を残す堂々たる五重塔。

写真５　談山神社十三重塔　わが国唯一の木造十三重塔。

写真６　安楽寺八角三重塔　正統な禅宗様の塔としても、また平面八角形の塔としても現存唯一。

も正方形平面の二重塔をつくり、はじめは内部に、法華経《ほけきょう》の経典を安置していたらしい。

　次に塔の姿は、一層目から最上層に向かって屋根の幅が小さくなる比率（逓減《ていげん》率）によって見え方が変わるが、一般的に古い塔ほど逓減率は大きい。つまり、古い塔はどっしりと安定して見え、新しい塔はほっそりと高く見える。そして、塔各層の軒下には屋根の出を支えるために複雑な組物《くみもの》があって、塔の姿に威厳と豊かさを加える。塔は寺院にとって最も重要な建物であったことから、そこには本体部から三段に手先を伸ばした三手先《みてさき》と呼ばれる最も複雑で高級な組物が使われている。時代を追ってその構成を比較すると、日本建築の構造上の工夫がよくわかる。また、建物の部材にも、鎌倉時代以後は装飾的な曲線が入り、室町時代以後にはその曲線が葉や花などの形

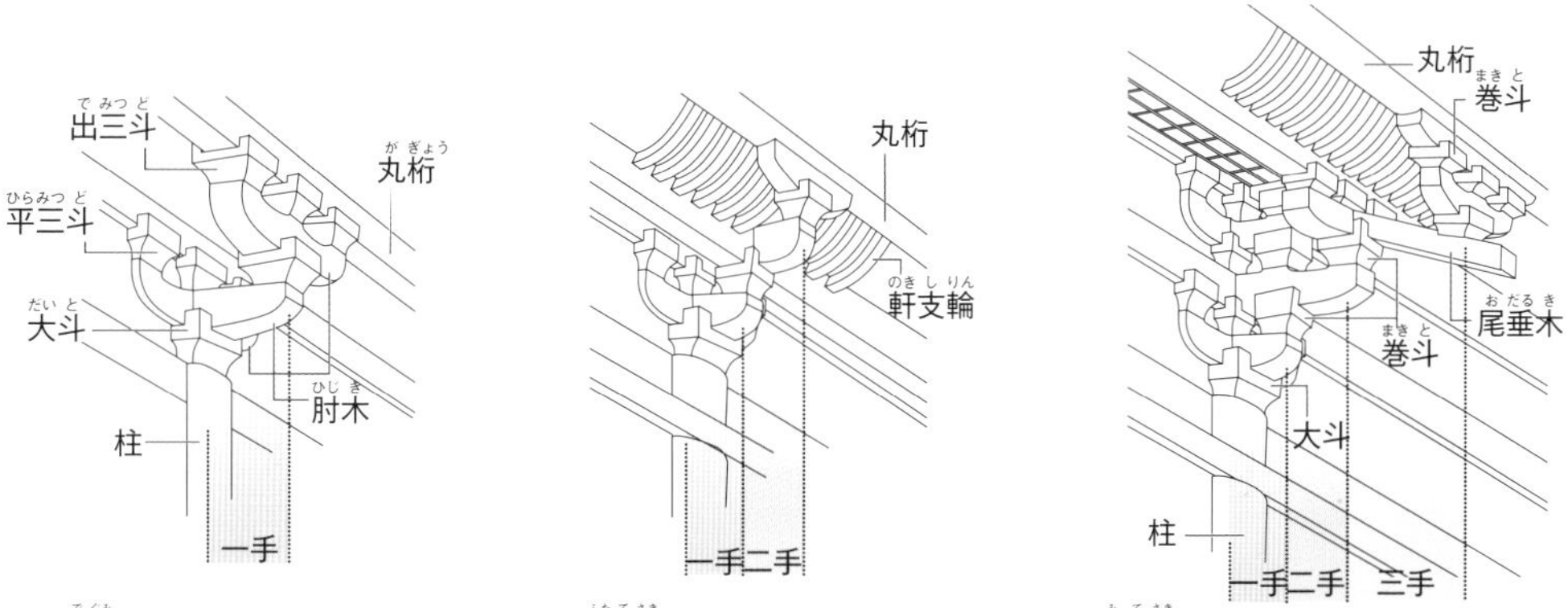

出組《でくみ》　柱の真上の組物(出三斗)を受ける大斗から、壁面と垂直に肘木の一つを前方に突き出し、その上に壁面と平行に組物(平三斗)を載せたもの。

二手先《ふたてさき》　壁面から前方に二段出ている組物。

三手先《みてさき》　壁面から前方に三段出ている組物。比較的格式の高い堂塔に用いられる。

図2　組物　斗と肘木で構成される屋根を支える構造部分。斗栱（ときょう）ともいう。寺院建築で使われ始め、塔などの大切な建物に、より複雑な組物が使われている。[イラスト © ジェイ・マップ]

表1　国宝の塔（国宝）

●層塔

羽黒山五重塔	応安年間(1368～1375)	山形県鶴岡市
大法寺三重塔	正慶2年(1333)	長野県青木村大字東郷
安楽寺八角三重塔	13世紀末～14世紀初頭	長野県上田市別所温泉
明通寺三重塔	文永7年(1270)	福井県小浜市門前
常楽寺三重塔	応永7年(1400)	滋賀県湖南市西寺
西明寺三重塔	13世紀後半～14世紀前半	滋賀県甲良町大字池寺
東寺五重塔	寛永20年(1644)	京都府京都市南区九条町
醍醐寺五重塔	天暦5年(951)	京都府京都市伏見区醍醐東大路町
海住山寺五重塔	建保2年(1214)	京都府木津川市加茂町例幣海住山
浄瑠璃寺三重塔(九体寺三重塔)	12世紀	京都府木津川市加茂町西小札場
興福寺五重塔	応永33年(1426)	奈良県奈良市登大路町
興福寺三重塔	12世紀末	同上
薬師寺東塔	天平2年(730)	奈良県奈良市西ノ京町
法隆寺五重塔	593～709	奈良県斑鳩町法隆寺山内
法起寺三重塔	慶雲3年(706)	奈良県斑鳩町大字岡本
當麻寺西塔	8世紀末～9世紀前半	奈良県葛城市當麻
當麻寺東塔	8世紀後半	同上
室生寺五重塔	9世紀前半	奈良県宇陀市室生区室生
一乗寺三重塔	承安元年(1171)	兵庫県加西市坂本町
明王院五重塔	貞和4年(1348)	広島県福山市草戸町
向上寺三重塔	永享4年(1432)	広島県尾道市瀬戸田町瀬戸田
瑠璃光寺五重塔	嘉吉2年(1442)	山口県山口市香山町

●多宝塔

石山寺多宝塔	建久5年(1194)	滋賀県大津市石山寺
慈眼院多宝塔	文永8年(1271)	大阪府泉佐野市日根野
金剛三昧院多宝塔	承応2年(1223)	和歌山県高野町高野山
根来寺大塔	天文16年(1547)	和歌山県岩出市根来
長保寺多宝塔	正平12年(1357)	和歌山県海南市下津町
浄土寺多宝塔	嘉暦3年(1328)	広島県尾道市東久保町

●小塔

海龍王寺五重小塔	8世紀前半	奈良県奈良市法華寺町
元興寺極楽坊五重小塔	8世紀後半	奈良県奈良市中院町

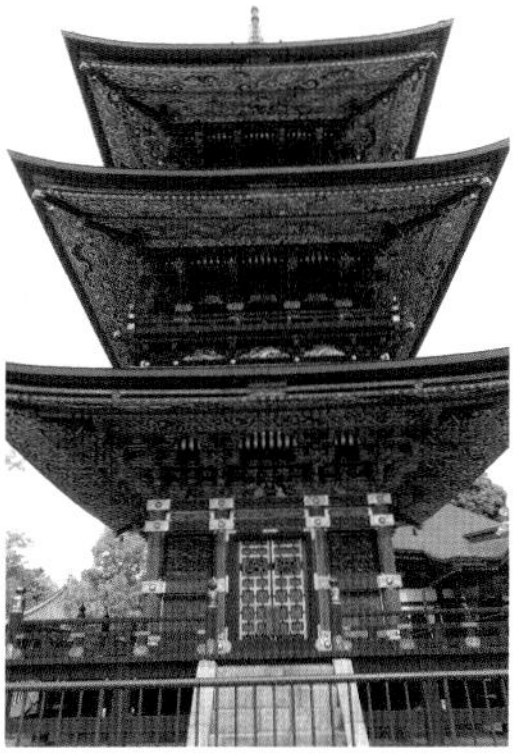

写真7　新勝寺三重塔　装飾化された江戸時代の代表的な遺構。軒裏までびっしりと装飾が入る。

になる。

3章 山の仏堂・密教建築

平安寺院建築の幕開け

平安仏教の代表である天台宗《てんだいしゅう》の比《ひ》叡山延暦寺《えいざんえんりゃくじ》と真言宗《しんごんしゅう》の高野山金剛《こうやさんこんごう》峯寺《ぶじ》が山中にあるように、平安前期寺院建築の一つの特徴は、山に建てられているということである。これは寺院を開いた僧や修行者が、そこで修行したためと伝えられ、修行当時の建物と場所が重視されていることによる。大規模な山岳寺院の建築群（山上《さんじょう》伽藍《がらん》）を見るときは、まずこの初期建物と立地、および修行に臨んで自ら彫刻したと伝える本尊のあり方を知る必要がある。平安時代に霊験所《れいげんじょ》と呼ばれ発展した寺院も、多くが山岳寺院で、石山寺《いしやまでら》などでは、本尊が修行地の信仰対象である自然石の上に立つ。奈良仏教を刷新しようとする新しい波が山岳修行から始まり、その場所に建てられた山の寺院には今も平安初期仏堂の古い形が残されている。

写真 1　三仏寺奥院（投入堂）　垂直に切り立った崖の中腹にあり天然の岩窟に張り付くようにつくられている。平安時代に修験道と呼ばれるようになる山岳信仰最古の懸造建物。身舎、庇、付属建築の構成、自然との対応など、日本建築の特徴が非常によくわかる。12 世紀前半に建立された。

表 1　平安～鎌倉時代の仏堂（国宝）

延暦寺根本中堂	9世紀頃創建、寛永17年(1640)再建	滋賀県大津市坂本本町
石山寺本堂	正堂は永長元年(1096)	滋賀県大津市石山寺
醍醐寺薬師堂	保安2年(1121)	京都府京都市伏見区醍醐醍醐山
醍醐寺金堂	平安後期	京都府京都市伏見区醍醐伽藍町
法隆寺大講堂	正暦元年(990)	奈良県斑鳩町法隆寺山内
當麻寺本堂	永暦2年(1161)	奈良県葛城市當麻
室生寺金堂	8世紀末～9世紀初め	奈良県宇陀市室生区室生
金剛峯寺不動堂	13世紀末～14世紀初め	和歌山県高野町高野山
太山寺本堂	弘安8年(1285)	兵庫県神戸市西区伊川谷町
三仏寺奥院(投入堂)	12世紀前半	鳥取県三朝町三徳
豊楽寺薬師堂	12世紀頃	高知県大豊町寺内

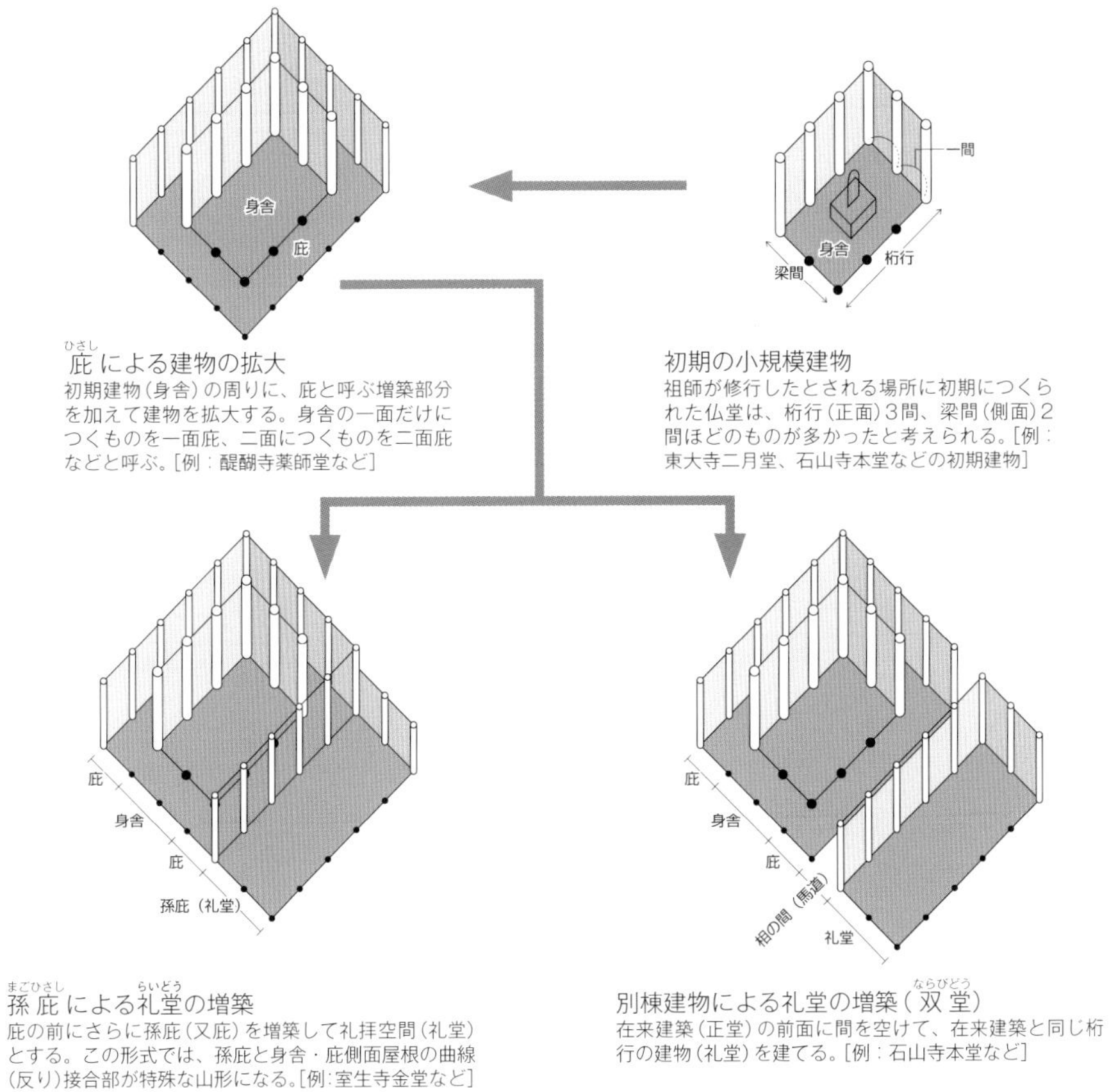
一間
身舎
梁間
桁行
初期の小規模建物
祖師が修行したとされる場所に初期につくられた仏堂は、桁行（正面）3間、梁間（側面）2間ほどのものが多かったと考えられる。[例：東大寺二月堂、石山寺本堂などの初期建物]
身舎
庇
庇《ひさし》による建物の拡大
初期建物（身舎）の周りに、庇と呼ぶ増築部分を加えて建物を拡大する。身舎の一面だけにつくものを一面庇、二面につくものを二面庇などと呼ぶ。[例：醍醐寺薬師堂など]
庇
身舎
庇
孫庇（礼堂）
孫庇《まごひさし》による礼堂《らいどう》の増築
庇の前にさらに孫庇（又庇）を増築して礼拝空間（礼堂）とする。この形式では、孫庇と身舎・庇側面屋根の曲線（反り）接合部が特殊な山形になる。[例：室生寺金堂など]
庇
身舎
庇
相の間（馬道）
礼堂
別棟建物による礼堂の増築（双堂《ならびどう》）
在来建築（正堂）の前面に間を空けて、在来建築と同じ桁行の建物（礼堂）を建てる。[例：石山寺本堂など]

図 1　山岳寺院の仏堂の変遷　これらの増築方法は日本建築に共通するが、特に山岳寺院に遺構が多い。[© イラストジェイ・マップ]

山岳寺院の仏堂の変遷

祖師が修行したとされる場所に初期につくられた仏堂（身舎《もや》）は小規模なもので、その大きさは桁行《けたゆき》（正面）が三間、梁間《はりま》（側面）が二間ほどのものが多かったと考えられている。

これら山岳寺院の小規模な正堂《しょうどう》は初期建物（身舎）の周りに庇《ひさし》と呼ぶ部分を増築して建物を拡大する。身舎の一面だけに庇がつくものを一面庇、二面つくものを二面庇などと呼ぶ。

さらに、増大する儀式と参籠者《さんろうしゃ》のために平安時代に礼堂《らいどう》（礼殿《らいでん》）が増築されるが、その形式には、正堂の前面に庇、孫庇《まごびさし》という部分を増築する方法と、長さ（桁行）が同じ建物を少し間を開けて前面に並べて建てる方法（双堂《ならびどう》）の二つがある。前者のような孫庇による礼堂の増築で

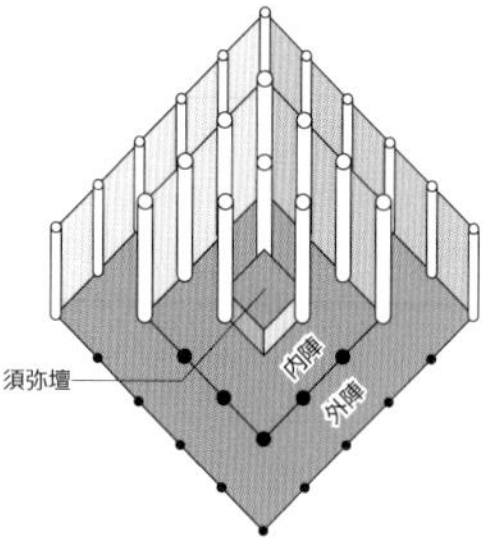

天台宗　正方形平面の仏堂
比叡山延暦寺の常行堂と法華堂は、図のような方5間正方形の建物二つを、廊でつないでいる。密教の儀式を行った総持院の多宝塔、灌頂堂（現存しない）も正方形の建物を廊でつないでいたことが古図からわかる。

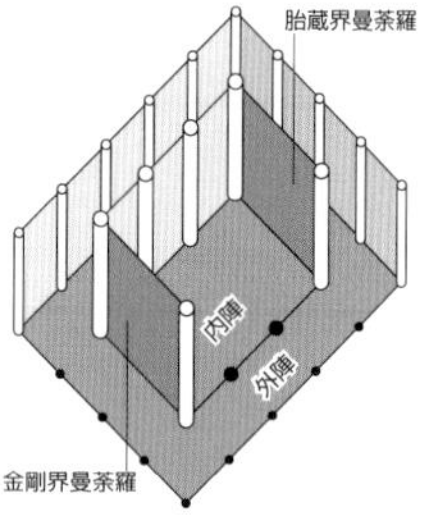

真言宗　両界曼荼羅の空間
堂内の東西に胎蔵界、金剛界一対の曼荼羅を掛け、その間に壇を設けて修法や儀式を行う。図では一般的な平面形式（桁行5間）に描いたが、創建時の神護寺根本真言堂（現存しない）は曼荼羅による空間を重要視し、桁行6間梁間4間の偶数柱間だった。

図2　真言宗と天台宗の仏堂［© ジェイ・マップ］

は、孫庇と身舎《もや》・庇側面屋根の曲面（反《そ》り）接合部が特殊な山形になる。さらに後に、中世密教の本堂では、内陣《ないじん》と外陣《げじん》の境に格子を入れて境界をつくるようになる。後者のような双堂の形式は奈良時代からあるが、建物が離れているため、正堂に入ることができる正式な僧とそうでない者、あるいは外部からの参籠者などを分けることができ、間の部分（相の間）も儀式や修法に使用できるなどの利便性があったため、平安時代にもつくり続けられた。

　このような礼堂の増築が平安時代仏堂のもう一つの特徴で、その中でも本尊が自然石上や岩窟《がんくつ》内にあるものでは、信仰対象のある自然地形を壊さないようにつくられるため、床下の柱を長く伸ばした懸造《かけづくり》と呼ぶ山岳信仰建築特有の形式が生まれる。

天台宗と真言宗

　一方、最澄《さいちょう》と空海《くうかい》による新仏教は新しい修行方法、儀式に対応する新形式を加えた。最澄の天台宗では仏の前で坐禅《ざぜん》読経《どきょう》する常坐三昧《じょうざざんまい》、仏の周りを読経、念仏しながら回り続ける常行《じょうぎょう》三昧などの、四種《ししゅ》三昧という修行を根本とし、その修行に合わせたためか、正方形平面の仏堂が多くつくられ、弟子の円仁《えんにん》、円珍《えんちん》によって本格的な密教が導入されても正方形平面の建物どうしを廊でつなげた形式としている。

　これに対して空海は、密教世界を描いた胎蔵界《たいぞうかい》と金剛界《こんごうかい》の二枚の曼荼《まんだ》羅《ら》（両界曼荼羅）を壁にかけ、それに挟まれた空間で儀式を行うというそれまでにない密教の建築空間（曼荼羅堂、灌頂《かんじょう》堂）をつくり出した。唐から帰った空海がはじめて京都に入り密教建築をつくった神護寺《じんごじ》の根《こん》本真言堂《ぽんしんごんどう》（現存しない）は、曼荼羅による空間を重視し、桁行六間柱間四間の偶数柱間であったことが知られている）。二つの曼荼羅による空間構成は、高野山での二つの塔にはさまれた場所に僧が修行する講堂を置くような配置計画にも及んでいる。

写真２　石山寺本堂　現状は、平安建築の前面に、桃山時代に当時と同じ平面形でつくられた懸造の礼堂がある。

写真３　延暦寺根本中堂　現在の建物は、17 世紀前半に徳川家光によって再建されたものだが、最澄が修行した延暦寺の中心建物で、平安時代以来の平面形式を持つ。外陣を板敷、内陣を土間とした内部空間は、土間から板敷となる仏堂の変遷過程を示している。

写真４　室生寺金堂　平安初期の様式を伝えている建物。身舎･庇の前面に孫庇を増築して礼堂とした形式がよくわかる。かつては根本堂または薬師堂と呼ばれていて、本尊は創建当時から薬師如来立像だった。

写真５　醍醐寺薬師堂　醍醐寺が創建された笠取山頂につくられた建物。平安後期の再建。当時の繊細な和様の貴重な遺構。全体に簡素で、蟇股や組物に平安時代の特色が表れている。

写真６　延暦寺常行堂・法華堂　平安時代に、天台宗の修行のためにつくられた仏堂の形式。中央を廊下でつないでいるため、担い堂（にないどう）とも呼ばれる。

写真１　中尊寺金色堂　奥州藤原氏三代のうち、初代清衡の建立。三つの壇の下に、清衡・二代基衡・三代秀衡のものと思われる遺体が安置されている。［写真 © 中尊寺］

写真２　阿弥陀聖衆来迎図　［ColBase（https://colbase.nich.go.jp/）］　平安時代の阿弥陀堂建立に大きな影響を及ぼした『往生要集』（寛和元年985）の著者源信が考案したと伝える阿弥陀如来以下の聖衆が往生者を迎えに来る場面を描いた来迎図。画中右下に住宅内に来迎を待つ人物が描かれている。

4章　阿弥陀堂

平安後期仏堂の象徴・往生の建築

装飾の美を尽くした平安時代の阿《あ》弥《み》陀《だ》堂《どう》をはじめにつくったのは、摂《せっ》関《かん》期の最高権力者であった藤原道長《ふじわらのみちなが》で、その子・頼通《よりみち》がつくらせた建物が、平等院《びょうどういん》阿弥陀堂（鳳凰堂《ほうおうどう》）である。

阿弥陀堂自体は、すでに奈良時代には建てられており、記録によると聖武《しょうむ》天皇の妃・光明皇后《こうみょうこうごう》がつくらせた法華寺《ほっけじ》の阿弥陀浄土院《じょうどいん》（七五九〜六〇）は、内部に阿弥陀三尊を祀《まつ》り、天井には鏡を入れた蓮華《れんげ》を、小壁には二八体の楽天《らくてん》坐像が取り付けられていた。平安時代の阿弥陀堂装飾は、これら奈良時代以来の仏堂を

写真３　平等院鳳凰堂（阿弥陀堂）　平安京内にはじめて壮麗な九体阿弥陀堂をつくった藤原道長の子息頼通の建立。奈良建築の古様を取り入れ、抜きんでた品格が表現されている。［写真©平等院］

写真４　浄瑠璃寺本堂　平安時代に建立された現存唯一の九体阿弥陀堂。９体の阿弥陀如来を祀る母屋の周りに幅１間の庇を巡らすため正面は１１間ある。

写真５　富貴寺大堂　大分県に残る平安時代後期建立の阿弥陀堂。九州では熊本に鎌倉、室町時代建立の阿弥陀堂（明導寺、青蓮寺）が残る。

手本に、建物のプロポーション、屋根の曲線などとともに繊細優美の極みへと高められる。鳳凰堂はその最高峰だが、この建物が際立って気品があるのは、建立直前に行われた奈良興福寺《こうふくじ》の再建に伴って京都の工匠が奈良の建築を学び、建物正面屋根中央を一部高くしたり、当時は四角が普通だった垂木《たるき》の断面を古い形の円形に戻したりするなど、奈良建築の古式な意匠を取り入れているからとも考えられている。

阿弥陀堂の変遷

しかし、奈良時代と平安時代の阿弥陀堂とが大きく異なるのは建物の使い方とそれに伴う規模にある。法華寺阿弥陀堂は、唐招提寺《とうしょうだいじ》金堂《こんどう》に近い大きさだったが、平等院鳳凰堂、中尊寺金色堂《ちゅうそんじこんじきどう》などは、その中心部が三間《さんげん》三間の正方形に近く、極めて小さい。この理由の一つは、平安

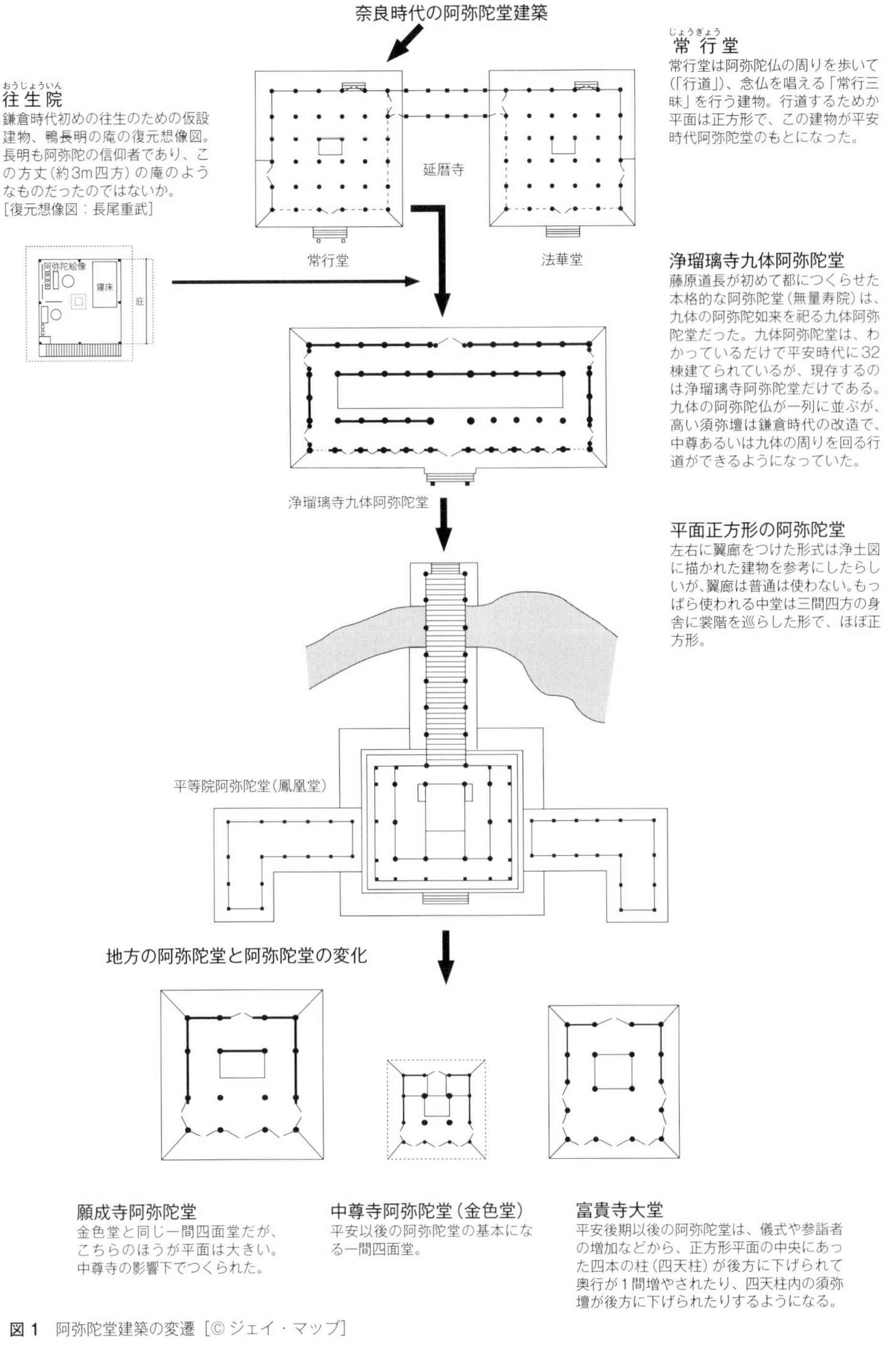
奈良時代の阿弥陀堂建築
往生院《おうじょういん》
鎌倉時代初めの往生のための仮設建物、鴨長明の庵の復元想像図。長明も阿弥陀の信仰者であり、この方丈（約3m四方）の庵のようなものだったのではないか。
［復元想像図：長尾重武］
阿弥陀絵像
寝床
庇
延暦寺
常行堂
法華堂
常行《じょうぎょう》堂
常行堂は阿弥陀仏の周りを歩いて（「行道」）、念仏を唱える「常行三昧」を行う建物。行道するためか平面は正方形で、この建物が平安時代阿弥陀堂のもとになった。
浄瑠璃寺九体阿弥陀堂
藤原道長が初めて都につくらせた本格的な阿弥陀堂（無量寿院）は、九体の阿弥陀如来を祀る九体阿弥陀堂だった。九体阿弥陀堂は、わかっているだけで平安時代に32棟建てられているが、現存するのは浄瑠璃寺阿弥陀堂だけである。九体の阿弥陀仏が一列に並ぶが、高い須弥壇は鎌倉時代の改造で、中尊あるいは九体の周りを回る行道ができるようになっていた。
浄瑠璃寺九体阿弥陀堂
平面正方形の阿弥陀堂
左右に翼廊をつけた形式は浄土図に描かれた建物を参考にしたらしいが、翼廊は普通は使わない。もっぱら使われる中堂は三間四方の身舎に裳階を巡らした形で、ほぼ正方形。
平等院阿弥陀堂（鳳凰堂）
地方の阿弥陀堂と阿弥陀堂の変化
願成寺阿弥陀堂
金色堂と同じ一間四面堂だが、こちらのほうが平面は大きい。中尊寺の影響下でつくられた。
中尊寺阿弥陀堂（金色堂）
平安以後の阿弥陀堂の基本になる一間四面堂。
富貴寺大堂
平安後期以後の阿弥陀堂は、儀式や参詣者の増加などから、正方形平面の中央にあった四本の柱（四天柱）が後方に下げられて奥行が1間増やされたり、四天柱内の須弥壇が後方に下げられたりするようになる。

図1 阿弥陀堂建築の変遷［© ジェイ・マップ］

写真6　願成寺阿弥陀堂（白水阿弥陀堂）　福島県いわき市に残る平安時代の阿弥陀堂。奥州藤原氏三代秀衡の妹徳尼が嫁ぎ先の夫、岩城則通を弔うために建立したと伝える。

写真7　法界寺阿弥陀堂　本尊の阿弥陀如来坐像は平安時代の造立だが、建物は鎌倉前期の再建と考えられる。それまでの小規模な阿弥陀堂と違って梁間5間、桁行5間の大規模な建築になっている。

時代の阿弥陀堂が、比叡山延暦寺《ひえいざんえんりゃくじ》で始められた、阿弥陀如来像の周りをぐるぐる回りながら念仏を唱える「常行三昧《じょうぎょうざんまい》」を行うための三間四方あるいは五間四方の大きさの常行堂が元になったことにある。

また、奈良時代の阿弥陀堂が先祖の追善供養にその目的があったのに対して、平安時代には一〇五二年から末法《まっぽう》の世が始まるという教えが広がり、末法の世から極楽へ往生するため阿弥陀堂が建立されるようになった。『往生要集《おうじょうようしゅう》』に、往生の具体的方法を書いた源信《げんしん》が参加した比叡山横川《よかわ》の首楞厳院二十五三昧《しゅりょうごんいんにじゅうござんまい》講《こう》という結社の規則には、仲間が死に臨んだときは、往生院という仮設の建物を建て、往生者を北枕に寝せ、西側に仏像を置いて念仏を唱え、いよいよ往生のときは仏像の手に結んだ五色の糸を握って往生させよと書いてある。道長以後、多くの貴族はこの教えにならって阿弥陀堂の中で往生をとげている。つまり、平安時代の阿弥陀堂建築は死に逝くものが、まさにそこで往生するための死を迎える空間なのである。この阿弥陀堂が全国に広まってゆく。

表1　阿弥陀堂建築（国宝）

中尊寺金色堂	天治元年（1124）	岩手県西磐井郡平泉町平泉
願成寺阿弥陀堂（白水阿弥陀堂）	永暦元年（1160）	福島県いわき市内郷白水町広畑
金蓮寺弥陀堂	13世紀中頃	愛知県西尾市吉良町饗庭七度ヶ入1
法界寺阿弥陀堂	嘉禄2年（1226）	京都府京都市伏見区日野西大道町
平等院鳳凰堂	天喜元年（1053）	京都府宇治市宇治蓮華
浄瑠璃寺九体阿弥陀堂	嘉承2年（1107）	京都府木津川市加茂町西小札場
大宝寺本堂	13世紀前半	愛媛県松山市南江戸
富貴寺大堂	12世紀	大分県豊後高田市田染蕗

5章 神社

神殿の代表的五形式

写真1 出雲大社本殿　右手のひときわ高い建物が本殿。礎石の上から千木の先端までの高さが約24mで、現在でも神社建築の中で最も高い建物だが、鎌倉時代まではもっと巨大な神殿（16丈＝約48m説が有力）が建っていたことが考古調査で明らかになってきた。[写真©三木光／アフロ]

神を祀《まつ》る社殿（正殿・本殿）には、大きく分けて、ある神社の系列のみで使われた特殊な形式と、系列によらず広く使われた一般的な形式とがある。

特殊な形式の代表である伊勢神宮《いせじんぐう》の神明造《しんめいづくり》と出雲大社《いづもおおやしろ》の大社造《たいしゃづくり》については、『古事記《こじき》』や『日本書紀《にほんしょき》』に記録があり、その成立は古く、七世紀後半に中央集権体制を進めた国家の関与が考えられる。そのためか、二つの神社の形式は対照的で、地方神の象徴で、天皇神に国譲りを行ったという神を祀る大社造は、正方形平面の中心に岩根御柱《いわねおんばしら》（心御柱《しんのみはしら》）と呼ぶ太い柱が立つ高大な建物であるのに対して、天皇家の祖先神を祀る神明造は、長方形平面の両側面に棟を支える棟持柱《むなもちばしら》が独立して立ち、全体に白木を使った直線構成の端正なもので、奈良時代以来、二十年に一度、まったく同じ形の建物を隣地に建て替えることで、古い形式を伝えている。

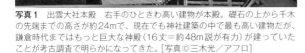

この他、特殊な形式としては、前後二室構成の平面を持つ住吉《すみよし》大社の住吉造、長さが同じ建物を二つ平行に並べ建てる仏教建築の双堂《ならびどう》の影響が考えられる宇佐《うさ》八幡宮《はちまんぐう》の八幡造がある。これら特殊な形式の神社本殿は、それぞれの系統で形が違うため、どれがどの神社の形式かを知り、比較して見ることが神社建築を理解するときの基本になる。

次に一般的な形式では、最も広く使われた流造《ながれづくり》と次に数の多い春日《かすが》造《づくり》がある。この二形式の共通性は小規模であることと建物が井桁《いげた》型の土台の上に建つことである。一般の日本建築は穴を掘って柱を立てる掘立《ほったて》か柱が礎石立《そせきだ》ちとなるのが普通で、井桁型土台形式はかなり特殊な方法

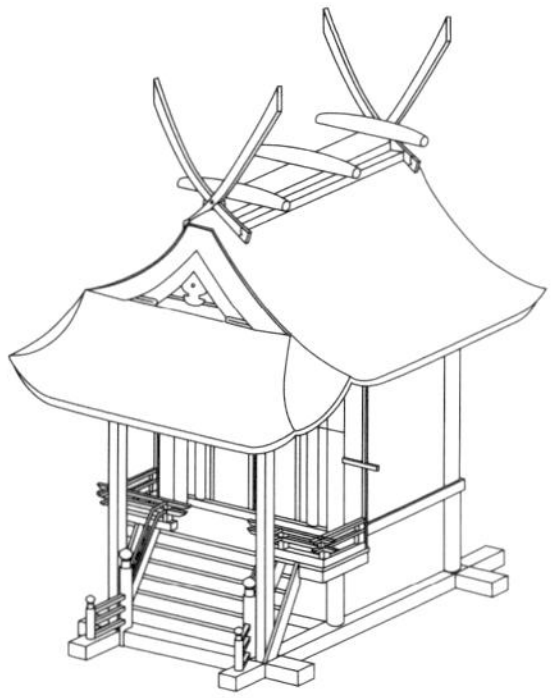

図１　春日造

切妻造・妻入（妻に入口がある）の前面に、庇（向拝）をつけたもの。四周に高欄付の縁を巡らし、棟には千木と堅魚木を上げる。正面柱間１間の小規模のものが多く、まれに3間のものもある。

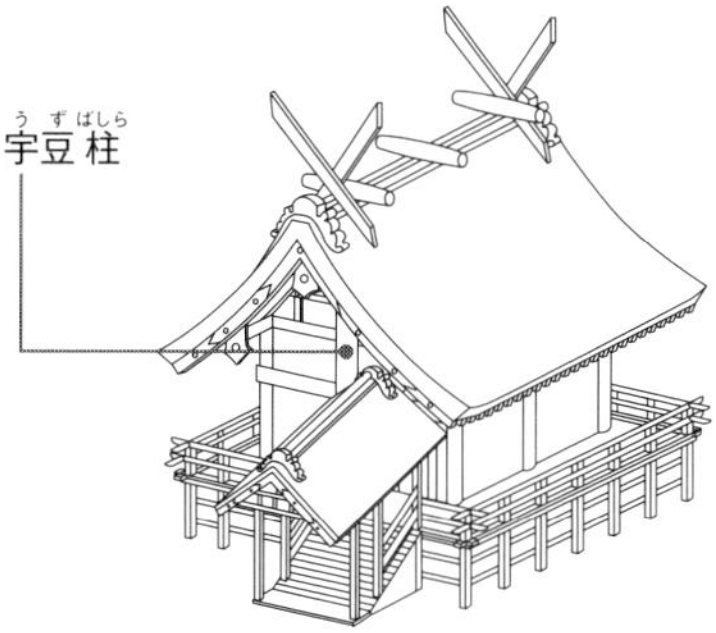

図２　大社造

切妻造·妻入。正面（梁間）2間､側面（桁行）2間の建物で、大棟の上に千木と堅魚木をのせる。平面中央に最も太い岩根御柱があり、前後面中央の柱（宇豆柱）が少し外側に出ている。

図３　住吉造

切妻造・妻入。大棟の上に千木と堅魚木を置く。内部は、天皇の代替りの際につくられる大嘗宮の建物（悠紀殿・主基殿）に似た前後２室（内陣と外陣）からなる。屋根に反りがないこと、縁に組物を持たないことなどから古式を残すと考えられる。

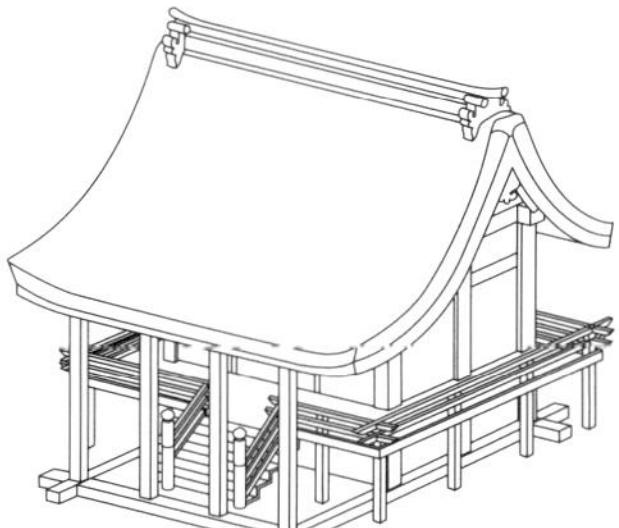

図４　流造

切妻・平入（平に入口がある）の前面に向拝（庇）をつけたもの。平入前面の屋根は向拝をつけて流れるように延びることから、この名称がある。四周に高欄付の縁を巡らす。正面間口3間の「三間社」流造が、社殿形式として最も多い。

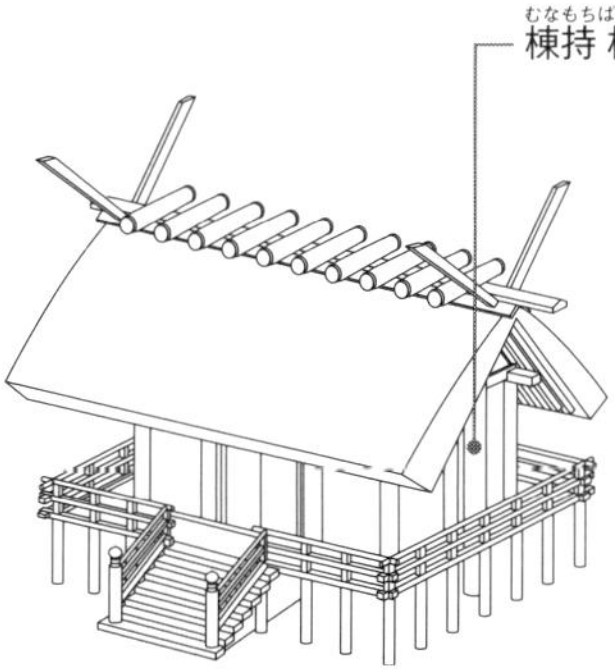

図５　神明造

切妻造・平入。屋根に反りがなく、大棟の上に堅魚木をのせ、端の垂木または破風板が突き抜けて千木になる。本体の柱とは別に、棟木を支えるための独立した2本の柱（棟持柱）がある。奈良時代以来の最も古い形を留めると考えられる神社の形式。

［イラスト©ジェイ・マップ］

写真2　神魂神社本殿　天正11年（1583）、大社造最古の遺構。出雲大社と同じく、入口は正面向かって右の柱間だが、神座は反対に、殿内中心に建つ心御柱の左奥に横向きに置かれている。［写真©岡本良治／アフロ］

写真3　仁科神明宮本殿　伊勢神宮の神領に建てられた建物。江戸中期（1661～1750）の再建で神明造最古の遺構。屋根は神宮正殿の茅葺とは違って檜皮葺になっているが、棟持柱、破風板がそのまま伸びて千木になるなど神明造の古式をよく残す。

写真4　住吉大社本殿　掘立柱が礎石立に、千木が置千木になるなど後世の変更はあるが、基本的平面形式、廻縁を持たず板垣を巡らす点など古様が維持されている。本殿は第一殿から第四殿まで、船の船団のように配置される。

写真5　春日大社本殿　文久3年（1863）式年造替の本殿四棟。春日造最古の遺構である円成寺春日堂・白山堂より規模が大きくなっている。［写真©桑原英文］

写真6　宇治上神社本殿（内殿）　現存する最古の神社本殿遺構。流造の内殿は三棟あり、蟇股の形や扉内側の板絵形式などから、向かって一番右が11世紀中頃、左が12世紀後半、中央がその中間の建立と考えられる。

写真7　円成寺春日堂・白山堂　春日造最古（安貞年間1227～28）の遺構。式年造替に際して春日大社から移築された可能性があり、絵画史料との比較から平安時代の形式をよく残すと考えられる。

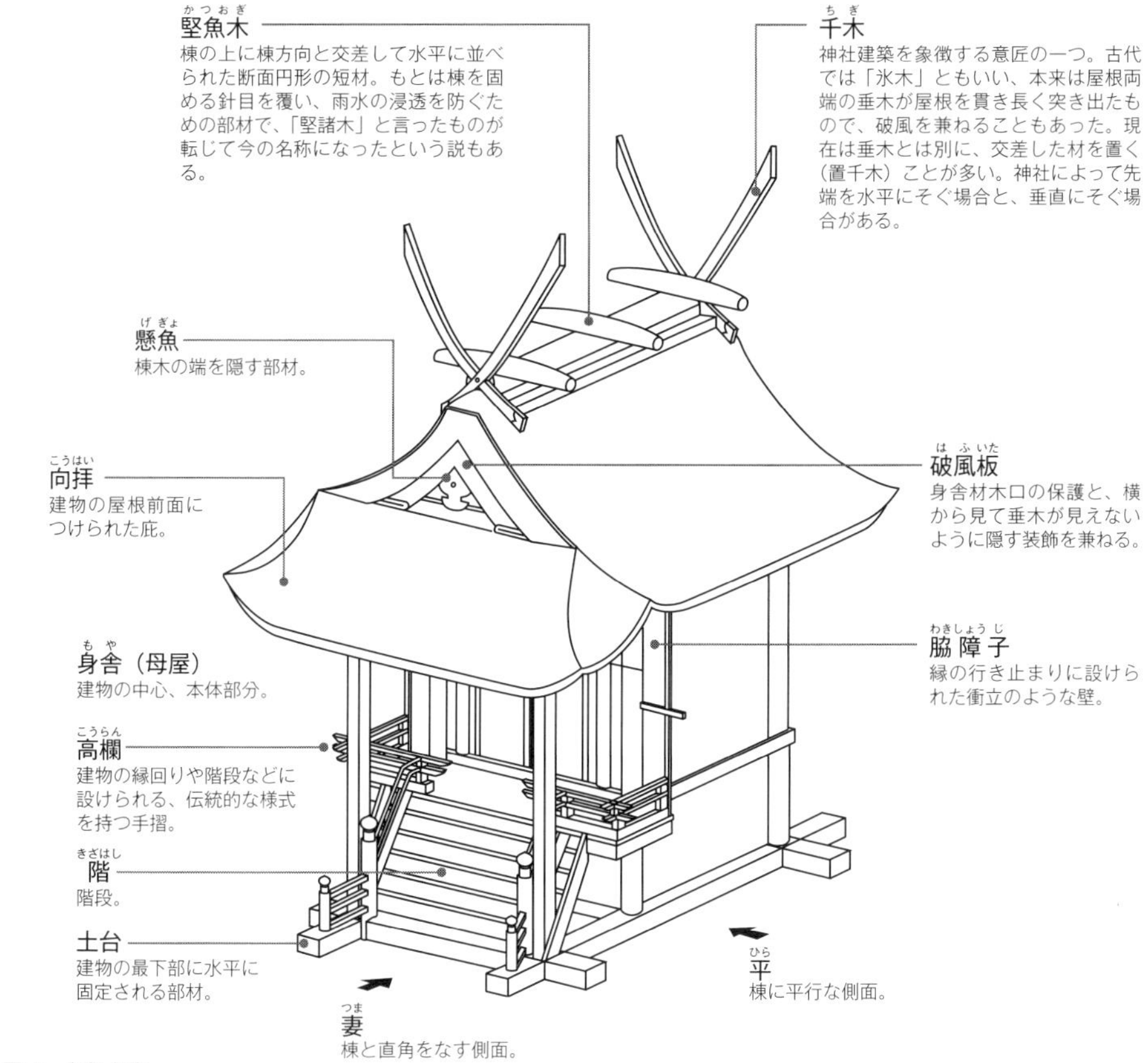

堅魚木《かつおぎ》
棟の上に棟方向と交差して水平に並べられた断面円形の短材。もとは棟を固める針目を覆い、雨水の浸透を防ぐための部材で、「堅諸木」と言ったものが転じて今の名称になったという説もある。
千木《ちぎ》
神社建築を象徴する意匠の一つ。古代では「氷木」ともいい、本来は屋根両端の垂木が屋根を貫き長く突き出たもので、破風を兼ねることもあった。現在は垂木とは別に、交差した材を置く（置千木）ことが多い。神社によって先端を水平にそぐ場合と、垂直にそぐ場合がある。
懸魚《げぎょ》
棟木の端を隠す部材。
向拝《こうはい》
建物の屋根前面につけられた庇。
破風板《はふいた》
身舎材木口の保護と、横から見て垂木が見えないように隠す装飾を兼ねる。
身舎《もや》（母屋）
建物の中心、本体部分。
脇障子《わきしょうじ》
縁の行き止まりに設けられた衝立のような壁。
高欄《こうらん》
建物の縁回りや階段などに設けられる、伝統的な様式を持つ手摺。
階《きざはし》
階段。
土台
建物の最下部に水平に固定される部材。
平《ひら》
棟に平行な側面。
妻《つま》
棟と直角をなす側面。

図4　各部名称

である。これについては祭祀の際の神の移動に関係し、本殿が常設化する前の神輿のような形を残すのではないかという考え方もある。現在でも、古い神社の中には本殿がなく、神が依るとされる山や森の入口に拝殿だけを設けた例が残っており、神社はその歴史が古いほど社殿が設けられた場所が重要である可能性は高い。神社を理解する場合には、社殿だけではなく、それぞれの立地をも含めて見ることが重要なのである。

　また、神社でも平安時代には拝殿などの付属建築がつくられるようになり、日本では多くの神が一つの神社に祀られたため、主神を祀る神殿の周りには他の神々を祀る摂社《せっしゃ》・末《まっ》社《しゃ》も建てられた。厳島《いつくしま》神社では、これら多くの建物を廊下でつなぎ、海上に建つ見事な建築群を構成している。

写真8　窪八幡神社本殿　正面11間、側面2間の十一間社流造。祭神は三柱で、中殿、北殿、南殿の三殿からなる。それぞれの神を三間社流造の社殿に祀り、あいだに1間を置いて三殿をつなげたため全体で11間の長さになった連棟形本殿。同様に正面11間の神社本殿には石清水八幡宮本殿（八幡造）、広峰神社本殿（入母屋造）があるが、流造としては現存最大規模の建物。

表1　基本五形式の神社（国宝）

●大社造		
出雲大社本殿	延享元年（1744）	島根県出雲市大社町杵築東
神魂神社本殿	天正11年（1583）	島根県松江市大庭町
●神明造		
仁科神明宮	17世紀	長野県大町市社宮本
●住吉造		
住吉大社本殿	文化7年（1810）	大阪府大阪市住吉区住吉
●流造		
園城寺新羅善神堂	貞和3年（1347）	滋賀県大津市園城寺町
苗村神社西本殿	徳治3年（1308）	滋賀県蒲生郡竜王町大字綾戸
賀茂御祖神社（下鴨神社）東本殿・西本殿	文久3年（1863）	京都府京都市左京区下鴨泉川町
賀茂別雷神社（上賀茂神社）本殿・権殿	文久3年（1863）	京都府京都市北区上賀茂本山
宇治上神社本殿・拝殿	11世紀後半・12世紀	京都府宇治市宇治山田
住吉神社本殿	応安3年（1370）	山口県下関市楠乃
神谷神社本殿	健保7年（1219）	香川県坂出市神谷町
阿蘇青井神社本殿	慶長15年（1610）	熊本県人吉市上青井町
●春日造		
春日大社本社本殿	文久3年（1863）	奈良県奈良市春日野町
円成寺春日堂・白山堂	安貞年間頃（1227）	奈良県奈良市忍辱山町
宇太水分神社本殿	元応2年（1320）	奈良県宇陀市菟田野古市場

写真1　厳島神社　本社は、本殿と、幣殿・拝殿・祓殿が一棟にされた建物の二棟で構成される。本殿のみ、毛利元就が建て替えた元亀2年（1571）の建物で、他は仁治2年（1241）の再建。大鳥居は高さが約16mの両部鳥居。摂社客神社は女神を祀る本社に対して五男神を祀る。建築形式は本社に同じ。

6章 神社の景観

様々な社殿と境内

神を祀《まつ》る社殿の主だった形式は平安時代までには出揃い、続く鎌倉時代以後にはそれらを複合、変形した形式がつくり出される。

まず神を祀る本殿では、それまで一柱《はしら》ごとの神に一つの社殿をつくっていたものを二柱分、三柱分と横につなぎ合わせた連棟形の本殿が現れる。また、従来の流造《ながれづくり》、春日造《かすがづくり》の本殿庇《ひさし》下に前室がついた前室付流造、前室付春日造や、旧来建物の周りに何重にも庇を増築して巨大な建物になったため、一つの建物に並行する二つの入母屋《いりもや》屋根をかけた吉備津《きびつ》神

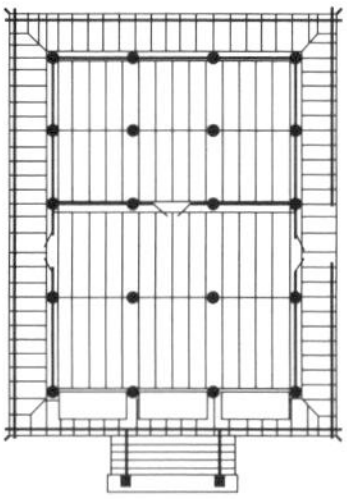

写真2　宇佐神宮本殿　宇佐神宮は全国の八幡神の総本宮。切妻造・平入の建物が、仏教の双堂に似て、前後に2棟並ぶ様式を八幡造と呼ぶ。[写真：アフロ]

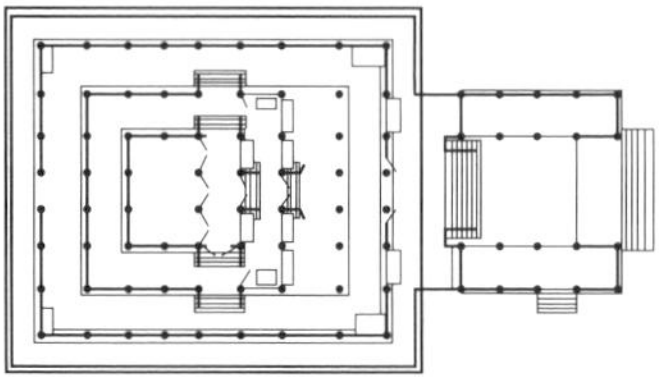

写真3　吉備津神社本殿・拝殿　入母屋造の2棟を1棟に合わせたような形式で、屋根に入母屋破風が二つ並ぶ形式を比翼入母屋造という。吉備津神社はこの形式の本殿に拝殿を接合した形になる。

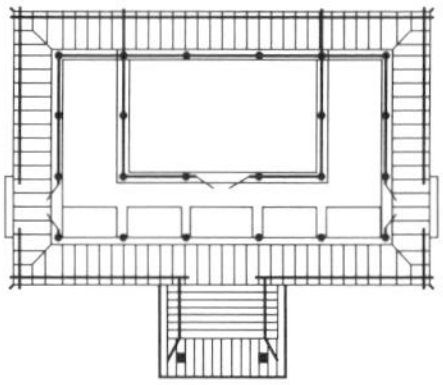

写真4　日吉大社東本宮本殿　平面が住宅建築のように母屋と庇の構成で、屋根が切妻造の前方両側面に庇をつけた形になる日吉造。背面中央の縁が一段高くなり、古くはここに扉があったため拝殿建築ではなかったかと考えられる。

社本殿の比翼《ひよく》入母屋造などの増設形建物がつくられる。そして室町時代には日本国中三千座の神を祀るため、神明《しんめい》造、大社《たいしゃ》造など伝統的な本殿の形式をすべて取り入れてしまった変形の極みといえる京都吉田《よしだ》神社の大《だい》元宮《げんぐう》までつくられるようになる。

また、神社の本殿には鎌倉時代以後多くの装飾的要素も加えられ、南北朝以降に流造の屋根正面には千鳥《ちどり》破風《はふ》という山型の装飾屋根がつけられ、春日造の向拝《こうはい》屋根の軒には曲線の軒唐《のきから》破風が設けられるなど、屋根の装飾化が進む。室町時代初期からは扉の上などに彫りの深い欄間《らんま》彫刻が入るようになり、建物を廻《まわ》る縁《えん》の両脇奥に立てられる脇障子《わきしょうじ》の壁面にも薄肉彫りの彫刻が入る。さらに、戸口には華麗な花狭間格子戸《はなざまこうしど》を入れ、その下を板壁にして装飾的なコウモリ狭間を入れるものも現れる。

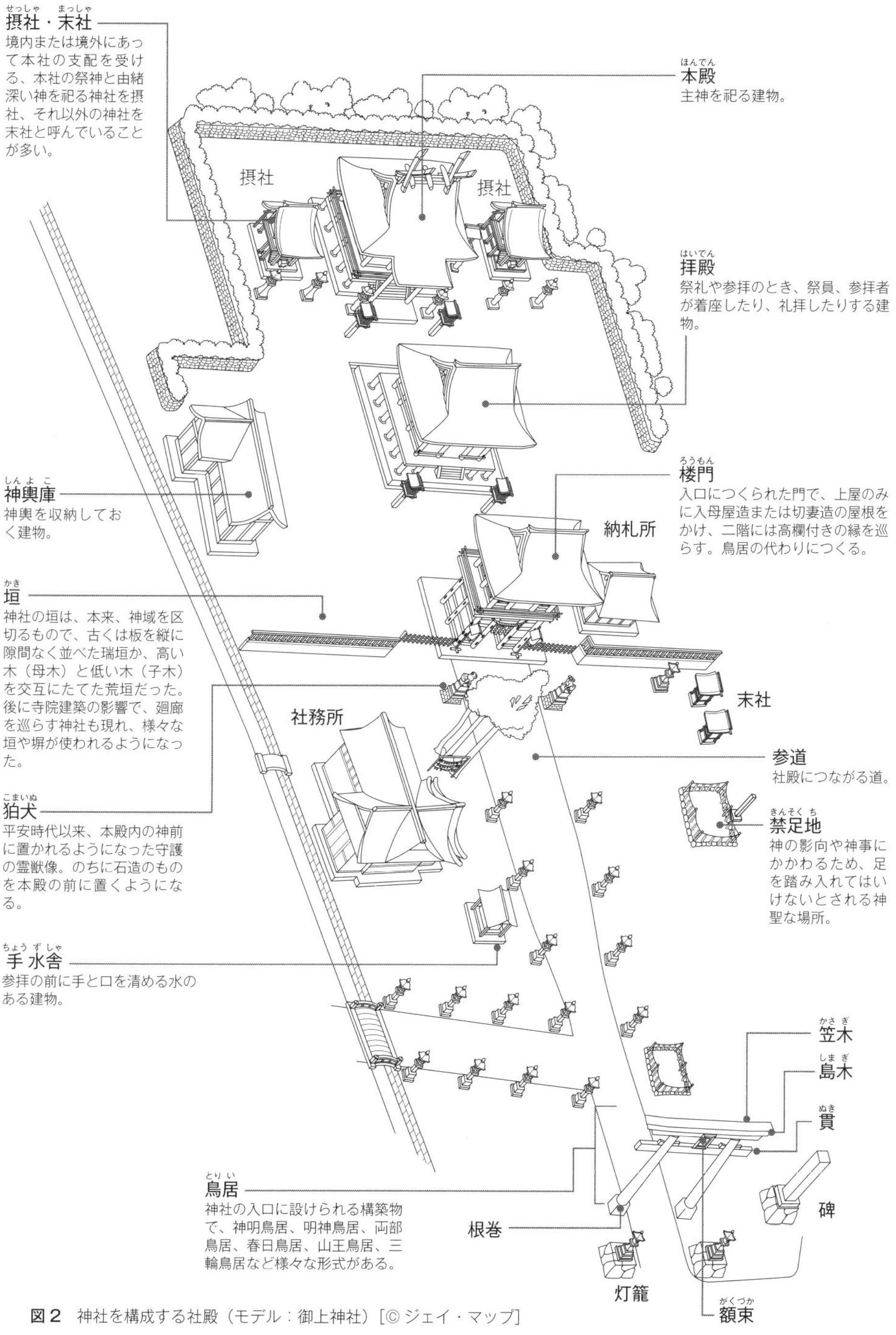
摂社《せっしゃ》・末社《まっしゃ》
境内または境外にあって本社の支配を受ける、本社の祭神と由緒深い神を祀る神社を摂社、それ以外の神社を末社と呼んでいることが多い。
摂社
摂社
本殿《ほんでん》
主神を祀る建物。
拝殿《はいでん》
祭礼や参拝のとき、祭員、参拝者が着座したり、礼拝したりする建物。
神輿庫《しんよこ》
神輿を収納しておく建物。
楼門《ろうもん》
入口につくられた門で、上屋のみに入母屋造または切妻造の屋根をかけ、二階には高欄付きの縁を巡らす。鳥居の代わりにつくる。
納札所
垣《かき》
神社の垣は、本来、神域を区切るもので、古くは板を縦に隙間なく並べた瑞垣か、高い木（母木）と低い木（子木）を交互にたてた荒垣だった。後に寺院建築の影響で、廻廊を巡らす神社も現れ、様々な垣や塀が使われるようになった。
末社
社務所
参道
社殿につながる道。
狛犬《こまいぬ》
平安時代以来、本殿内の神前に置かれるようになった守護の霊獣像。のちに石造のものを本殿の前に置くようになる。
禁足地《きんそくち》
神の影向や神事にかかわるため、足を踏み入れてはいけないとされる神聖な場所。
手水舎《ちょうずしゃ》
参拝の前に手と口を清める水のある建物。
笠木《かさぎ》
島木《しまぎ》
貫《ぬき》
鳥居《とりい》
神社の入口に設けられる構築物で、神明鳥居、明神鳥居、両部鳥居、春日鳥居、山王鳥居、三輪鳥居など様々な形式がある。
碑
根巻
灯籠
額束《がくづか》

図2　神社を構成する社殿（モデル：御上神社）[© ジェイ・マップ]

写真 1　東大寺南大門　東大寺の正門。高さ約 25m、横幅約 29m は寺社の門として日本最大級の大きさ。中国の様式に垂木形式など和様の方法を一部取り入れているが、重源がつくらせた数少ない典型的な大仏様の建物。構造上の工夫と美が一目でわかる遺構。

写真 2　南大門の見上げ　建物の巨大さに比べて相対的に細い柱に穴を開け、貫と肘木を幾重にも入れた六手先は圧巻。ただ、貫は柱の内部で複雑な組手によってつながれており、禅宗様の貫ほど強度はない。

7章 大仏様

鎌倉時代導入の新手法

治承《じしょう》四年（一一八〇）、平家《へいけ》の焼き討ちにより大仏殿《だいぶつでん》はじめ奈良東《とう》大寺《だいじ》の主要な建物が焼失してしまう。この再建には膨大な資金と巨木の調達、そして天平《てんぴょう》創建後わずか二〇年で添え柱が必要になった巨大な大仏殿などをどうやって強くつくるかという三つの難問があった。これを解決したのが勧進聖《かんじんひじり》の代表的人物重源《ちょうげん》で、その際に使われた中国・宋《そう》の様式を取り入れた建築様式を大《だい》仏様《ぶつよう》（または天竺《てんじく》様）という。重源は六輛つくった一輪車の先頭に天皇の宣旨《せんじ》と勧進疏《そ》を張り、自らそれに

写真３　浄土寺浄土堂　重源がつくったすべて大仏様の遺構は東大寺南大門とここのみ。屋根は反りをつけず外観は目立たないが、欄間を広くとり朱と白で塗られた堂々とした姿は大仏様ならでは。

写真４　浄土堂堂内　中央円形の須弥壇以外はすべて板敷で、儀式の際は多くの僧侶たちが念仏を唱えながら本尊の周りを行道した。柱・梁・挿肘木で構成された上昇するような空間に注目。虹梁の下端に入る白い線が錫杖彫。

乗って多くの人々から費用を集め、周防《すおう》（山口県）の山中から轆轤《ろくろ》（滑車）を使い従来千人必要だったものをわずか六、七十人で巨木を切出し運搬する。

建物は、太い柱に横から材料（長押《なげし》）を打ち付けて強度を高める旧来の方法（和様《わよう》）ではなく、細い柱に穴を開けて横から材料（貫《ぬき》）を貫き通して強くし、屋根の軒《のき》や梁《はり》は柱の穴に挿した肘木《ひじき》（挿《さし》肘木）を何段にも重ねて支える。この梁や挿肘木の長さはそれぞれ異なるものの断面の形状寸法は同じで、斗《ます》もすべて同じものを使い、東大寺南大門《なんだいもん》ではわずか六種類の材料で全体の九割以上をつくっている。また屋根は、曲線（反《そ》り）をつけると複雑になるので、直線のままとするか垂木《たるき》の勾配を変えて配置する単純な方法でつくる。さらに屋根を支える垂木は、中

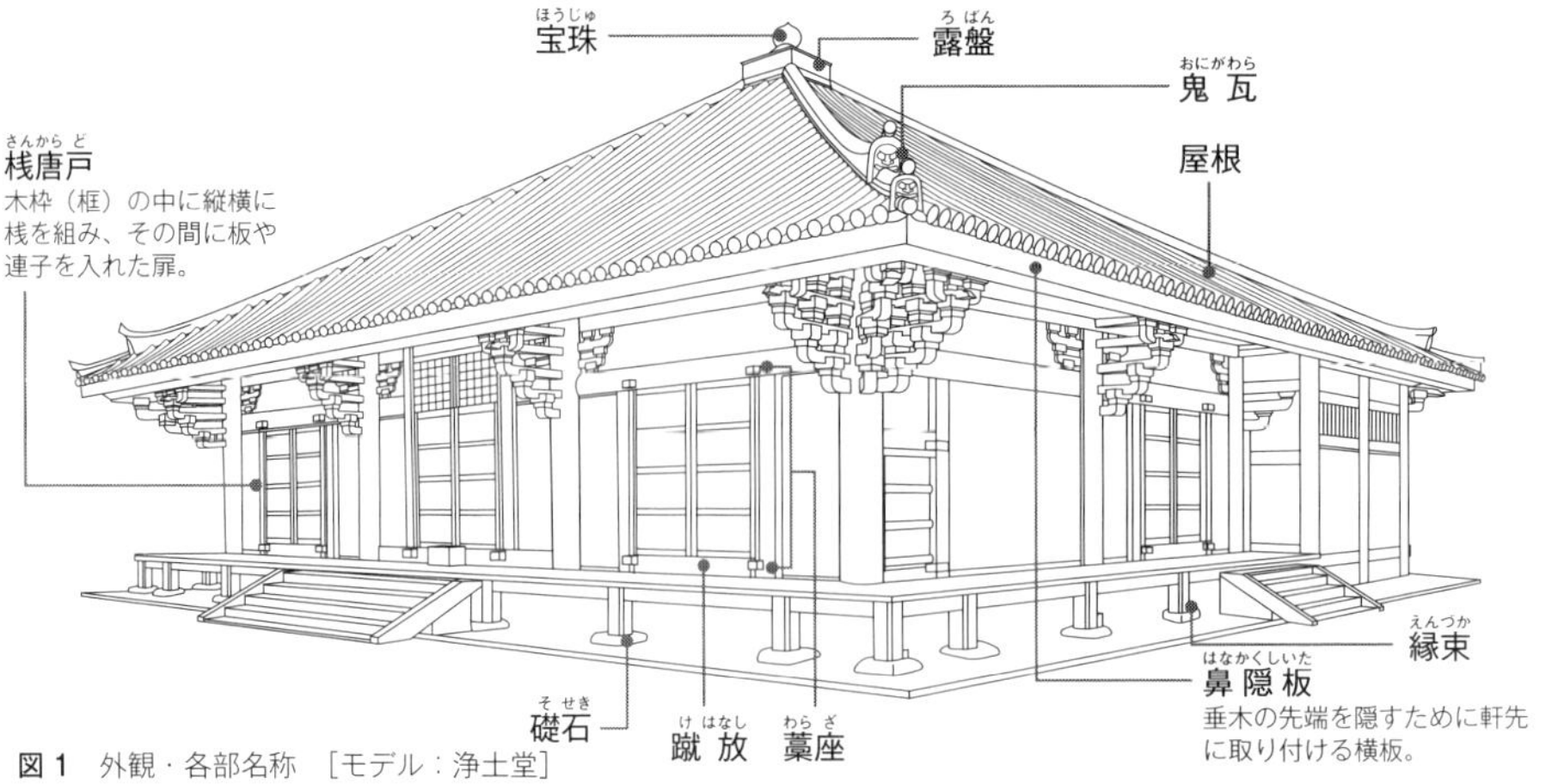

宝珠《ほうじゅ》
露盤《ろばん》
鬼瓦《おにがわら》
桟唐戸《さんからど》
木枠（框）の中に縦横に桟を組み、その間に板や連子を入れた扉。
屋根
縁束《えんつか》
鼻隠板《はなかくしいた》
垂木の先端を隠すために軒先に取り付ける横板。
礎石《そせき》
蹴放《けはなし》
藁座《わらざ》

図１　外観・各部名称　［モデル：浄土堂］

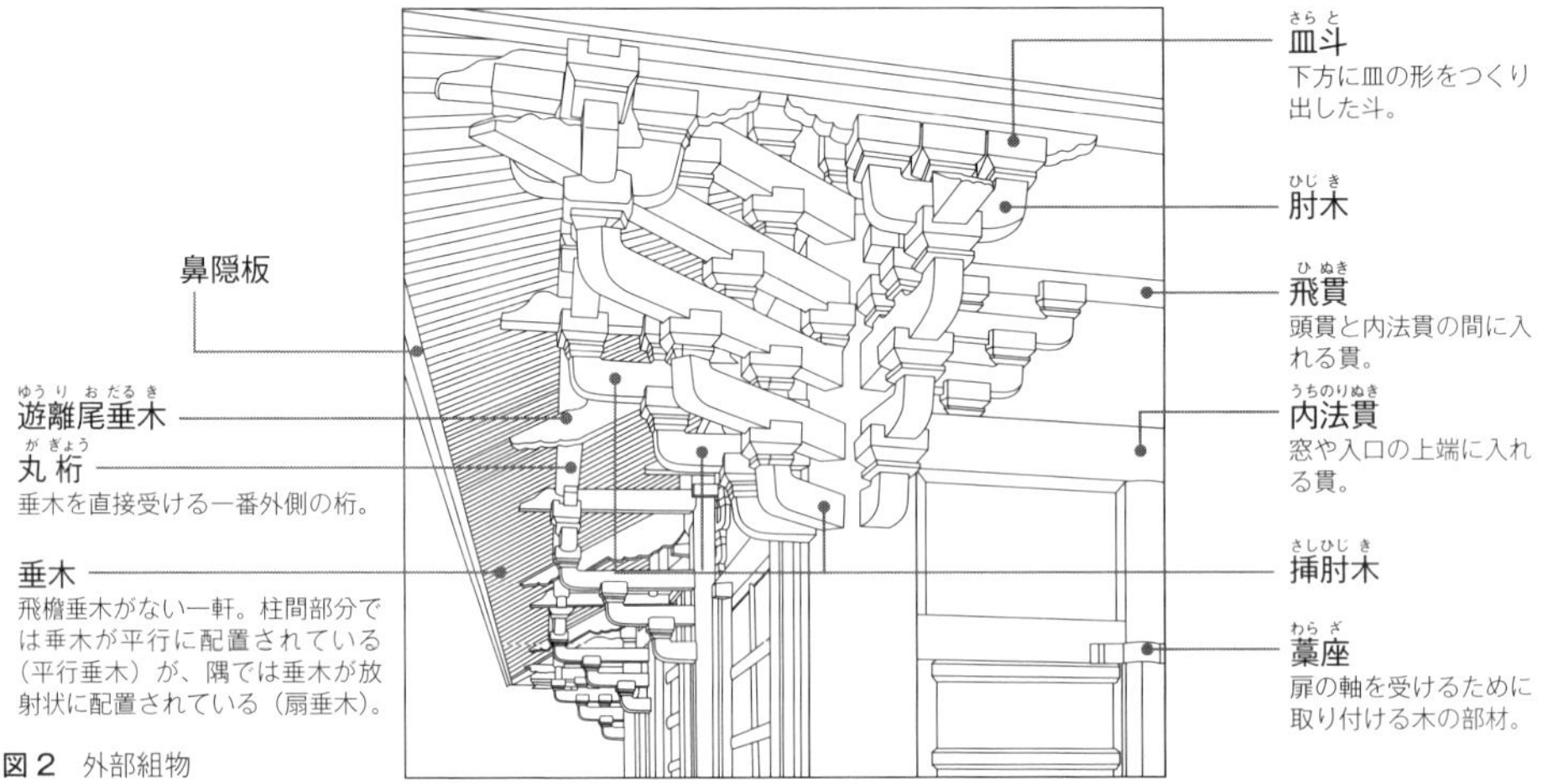

皿斗《さらと》
下方に皿の形をつくり出した斗。
肘木《ひじき》
鼻隠板
飛貫《ひぬき》
頭貫と内法貫の間に入れる貫。
遊離尾垂木《ゆうりおだるき》
内法貫《うちのりぬき》
窓や入口の上端に入れる貫。
丸桁《がぎょう》
垂木を直接受ける一番外側の桁。
垂木
飛檐垂木がない一軒。柱間部分では垂木が平行に配置されている（平行垂木）が、隅では垂木が放射状に配置されている（扇垂木）。
挿肘木《さしひじき》
藁座《わらざ》
扉の軸を受けるために取り付ける木の部材。

図２　外部組物

国ではすべてを扇のように中心点から放射状に配置するが、ほとんどを平行にし、隅だけを扇状にして、軒先には板（鼻隠板《はなかくしいた》）を打って垂木端のばらつきを見えなくする。大仏様の建築を理解するためには、材料と人手を節約しながら巨大建築をつくった、これらの革新的な方法を知る必要がある。

普通、このようなつくり方をすると建物は単純で面白みがなくなるが、大仏様の内部では天井を張らずに構造体を見せ、柱の上部に挿肘木と梁が幾段にも重なり伸びて上昇するような、それまでにはなかった空間の垂直性と力感をつくり出している。大仏様の代表的遺構である浄土寺《じょうどじ》浄土堂では、この中に快慶《かいけい》作の巨大な阿弥陀三尊《あみださんぞん》像を安置し、西側だけをすべて蔀戸《しとみど》として、日が落ちるとき、仏像の背後から西日が入り、まるで

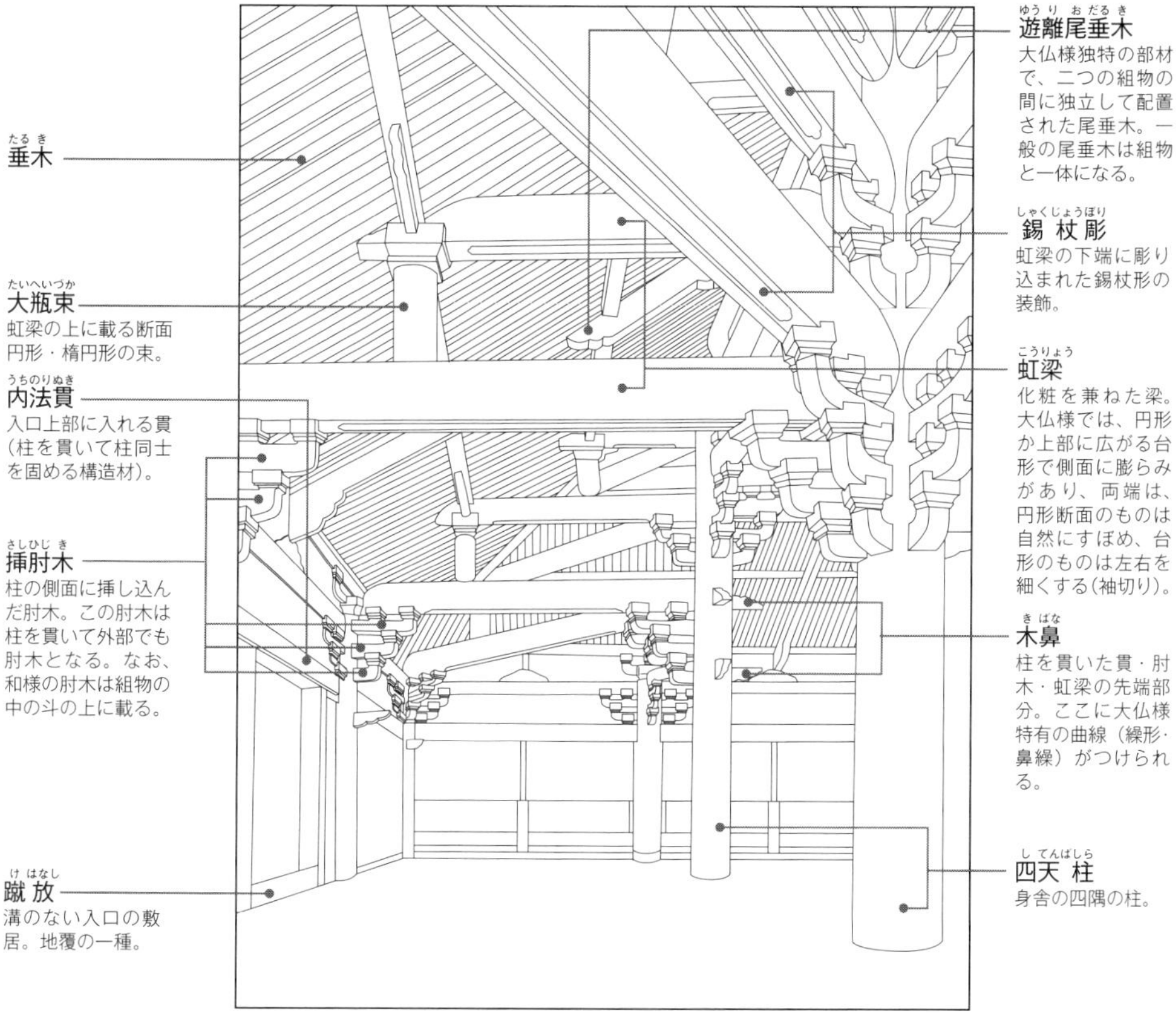
垂木《たるき》
大瓶束《たいへいづか》
虹梁の上に載る断面円形・楕円形の束。
内法貫《うちのりぬき》
入口上部に入れる貫（柱を貫いて柱同士を固める構造材）。
挿肘木《さしひじき》
柱の側面に挿し込んだ肘木。この肘木は柱を貫いて外部でも肘木となる。なお、和様の肘木は組物の中の斗の上に載る。
蹴放《けはなし》
溝のない入口の敷居。地覆の一種。
遊離尾垂木《ゆうりおだるき》
大仏様独特の部材で、二つの組物の間に独立して配置された尾垂木。一般の尾垂木は組物と一体になる。
錫杖彫《しゃくじょうぼり》
虹梁の下端に彫り込まれた錫杖形の装飾。
虹梁《こうりょう》
化粧を兼ねた梁。大仏様では、円形か上部に広がる台形で側面に膨らみがあり、両端は、円形断面のものは自然にすぼめ、台形のものは左右を細くする(袖切り)。
木鼻《きばな》
柱を貫いた貫・肘木・虹梁の先端部分。ここに大仏様特有の曲線（繰形・鼻繰）がつけられる。
四天柱《してんばしら》
身舎の四隅の柱。

図3 内部・各部名称［イラスト：© ジェイ・マップ］

表1 典型的な大仏様（国宝）

東大寺南大門	正治元年（1199）	奈良県奈良市雑司町
浄土寺浄土堂	建久3年（1192）	兵庫県小野市浄谷町
●一部に大仏様の要素がある		
東大寺鐘楼	建永元年（1206）～承元4年（1210）	奈良県奈良市雑司町
東大寺開山堂	建長2年（1250）〈内陣は正治2年（1200）〉	同上
般若寺楼門	13世紀後半	奈良県奈良市般若寺町
金峯山寺仁王門	康正2年（1456）	奈良県吉野町吉野山
長保寺大門	嘉慶2年（1388）	和歌山県海南市下津町上
東福寺三門	応永12年（1405）	京都府京都市東山区本町
光明寺二王門	宝治2年（1248）	京都府綾部市睦寄町君尾
●重源と同時代の建築		
興福寺北円堂	承元4年（1210）	奈良県奈良市登大路町

生きた御仏《みほとけ》が迎えに来るように構成している。念仏を唱え広く一般の人々まで勧進を行った念仏聖・重源と仏師・快慶による日本建築史上の傑作である。

写真1 正福寺地蔵堂 鎌倉の円覚寺舎利殿と非常によく似た形式の建物で、墨書から応永14年(1407)の建立であることがわかった。

8章

禅宗様

渡来僧たちが伝えた新様式

天台《てんだい》僧・栄西《ようさい》は鎌倉時代のはじめに二度中国宋《そう》に渡り、日本に禅宗《ぜんしゅう》(臨済《りんざい》宗)を伝えた。栄西は、京都に建仁寺《けんにんじ》、鎌倉に寿福寺《じゅふくじ》を相次いで建てるが、この建築が宋で使われていた禅宗様で、伽藍《がらん》配置も当時の宋と同じであったかどうかは疑わしい。それは、この両寺とも禅宗単独ではなく、旧来の天台《てんだい》、真言《しんごん》宗との兼修の寺院で、中国から大仏様を導入した重源《ちょうげん》から東大寺《とうだいじ》大勧進《かんじん》職を引き継いだときに建てられたと推定される東大寺鐘楼《しょうろう》の建物が、純粋な大仏様ではなく大仏様の一部に禅宗様を入れた様式だからである。

この状況は、栄西の弟子、俊芿《しゅんじょう》、円爾《えんに》も同じで、俊芿が建てた泉涌《せんにゅう》寺《じ》が宋の建物を写し建てた日本唯一と呼ばれ、円爾がつくった東福寺《とうふくじ》も禅宗建築の名称が付けられていたが、東福寺《とうふくじ》境内最古の遺構である三門《さんもん》が、大仏様と禅宗様の混用であることから、当時の建物が純粋な禅宗様であったかどうかは、疑問が持たれている。これに対して執権《しっけん》・北条時頼《ほうじょうときより》が一三世紀の半ばに渡来僧《とらいそう》・蘭渓《らんけい》道隆《どうりゅう》に建立させた鎌倉の建長寺《けんちょうじ》は、渡来僧の手による中国南宋の純粋な様式に近かったと考えられる。

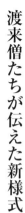

これは、中国北宋の建築様式を基本に、日本的な意匠を加えた様式と考えられる重源の大仏様とはかなり違っている。

まず、建物の主構造は、両方とも柱に穴をあけて、そこに横材(貫《ぬき》)を貫き通して、足元から、腰、内《うち》法《のり》、柱頭《ちゅうとう》と何段にも固める貫工法をとる。しかし、大仏様が貫の先端(木鼻《きばな》)にのみ曲線(繰形《くりがた》)を入れるのに対して、禅宗様は、柱の立つ礎《そ》石《せき》(礎盤《そばん》)、柱の上下(粽《ちまき》)、木鼻に曲線を多用し、柱、貫の太さも細く、

写真2　永保寺開山堂　禅宗寺院開山堂の典型で、前面に礼堂（昭堂）とその背後に開山の墓塔および頂相を祀る一重裳階付の塔所建物を置く。建築は年輪年代推定法による用材の伐採年代推定では1335年頃の結果が得られている。

写真3　永保寺観音堂　永保寺の仏殿で開山夢窓疎石が水月観を修した建物と伝える。通常土間である内部を板床にして縁を巡らし、前面一間通りを吹き放ちにするなど日本化が進んでいる。

写真4　善福院釈迦堂　和歌山県の建物。健保2年（1214）栄西によって創設された広福寺五ヶ院の一つと伝えるが確証はない。ただ、屋根が日本の禅宗建築に典型的な入母屋造ではなく、中国と同じ寄棟造であり、内部の架構も完成された禅宗様よりも古式と見られる。

写真5　不動院金堂　大内義隆が山口に建てた建物を安国寺恵瓊が安芸安国寺仏殿として移築したと伝える。建立年代は天文9年（1540）だがかなり大きな建物で、鎌倉・室町時代における五山級禅宗大寺の建物を想起させる。

繊細である。

また、窓（花頭《かとう》窓）、欄間《らんま》（弓《ゆみ》欄間）、出入口（花頭口）にも曲線を使用している。屋根の軒《のき》を支える方法も、大仏様では、柱に穴をあけて貫と肘《ひじ》木《き》を挿し込む挿《さし》肘木を交互に重ね、軒を支えるが、禅宗様では、斗《ます》と肘木を交互に積み重ねる組物《くみもの》を使用し、柱の上に横幅の広い台輪《だいわ》という部材を置いて、柱の真上だけでなく、柱と柱の間にも入れる。組物が柱上の広い部分に詰めて配置されるので、これを詰組《つめぐみ》と呼ぶ。そして屋根を支える垂木《たるき》は大仏様が隅部分だけに中国の方法である扇状の配置（扇垂木）を使い、ほとんどを従来の平行に配置するのに対して、禅宗様では、すべての垂木が一点から放射状に広がる純粋な大陸様式の扇《おうぎ》垂木とする。屋根の曲線（反《そ》り）も、大仏様には、ほとんど反りがないか、隅の部分だ

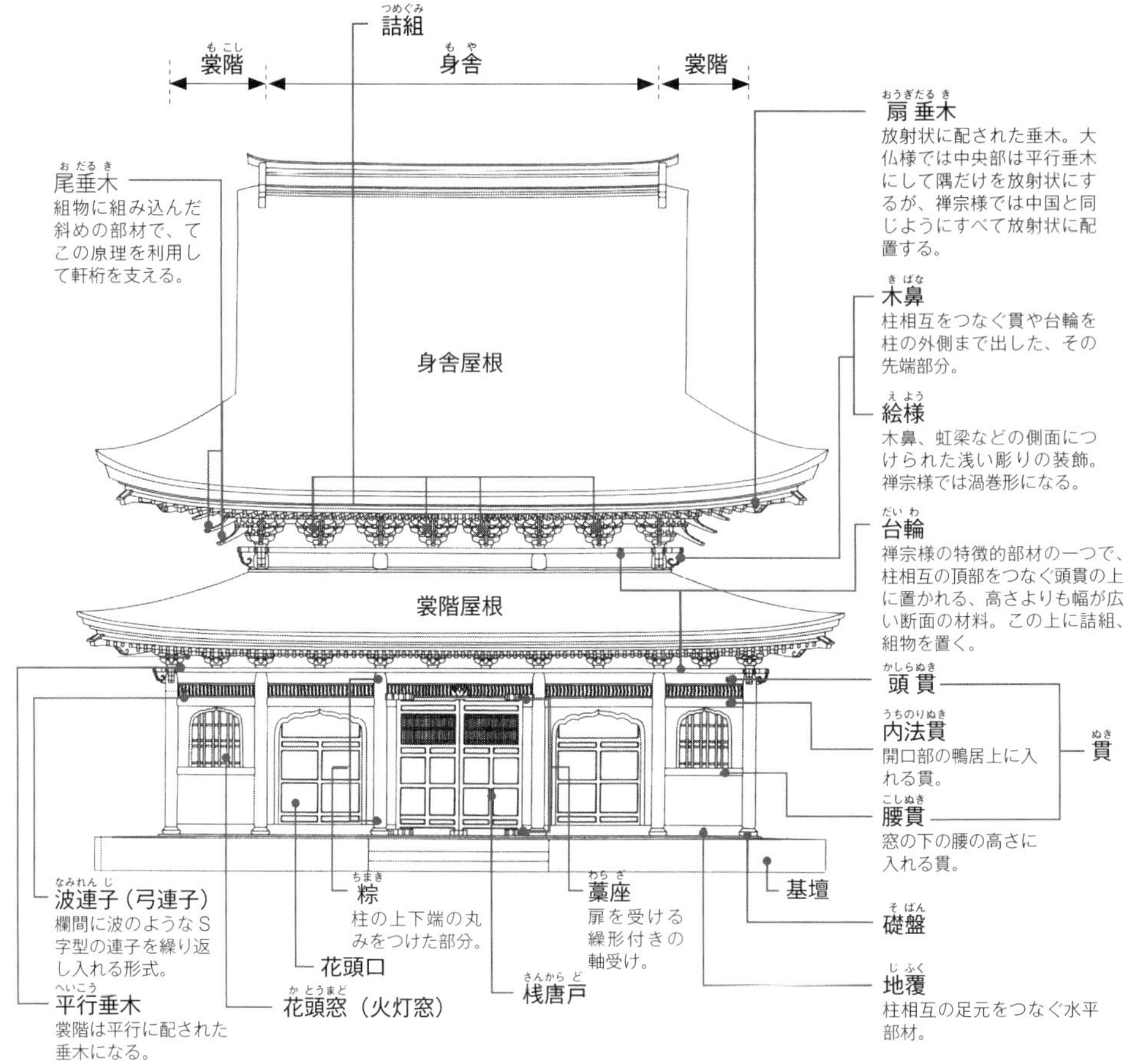

詰組《つめぐみ》
裳階《もこし》
身舎《もや》
裳階
扇垂木《おうぎだるき》
放射状に配された垂木。大仏様では中央部は平行垂木にして隅だけを放射状にするが、禅宗様では中国と同じようにすべて放射状に配置する。
尾垂木《おだるき》
組物に組み込んだ斜めの部材で、てこの原理を利用して軒桁を支える。
身舎屋根
木鼻《きばな》
柱相互をつなぐ貫や台輪を柱の外側まで出した、その先端部分。
絵様《えよう》
木鼻、虹梁などの側面につけられた浅い彫りの装飾。禅宗様では渦巻形になる。
台輪《だいわ》
禅宗様の特徴的部材の一つで、柱相互の頂部をつなぐ頭貫の上に置かれる、高さよりも幅が広い断面の材料。この上に詰組、組物を置く。
裳階屋根
頭貫《かしらぬき》
内法貫《うちのりぬき》
開口部の鴨居上に入れる貫。
貫《ぬき》
腰貫《こしぬき》
窓の下の腰の高さに入れる貫。
基壇
礎盤《そばん》
地覆《じふく》
柱相互の足元をつなぐ水平部材。
波連子《なみれんじ》（弓連子）
欄間に波のようなＳ字型の連子を繰り返し入れる形式。
粽《ちまき》
柱の上下端の丸みをつけた部分。
藁座《わらざ》
扉を受ける繰形付きの軸受け。
花頭口
平行垂木《へいこう》
裳階は平行に配された垂木になる。
花頭窓《かとうまど》（火灯窓）
桟唐戸《さんからど》

図1　円覚寺舎利殿正面図［© ジェイ・マップ］

表1　中世の禅宗様建築（国宝）

正福寺本堂	応永14年（1407）	東京都東村山市野口町
円覚寺舎利殿	15世紀前半	神奈川県鎌倉市山ノ内
安楽寺八角三重塔	13世紀末～14世紀初頭	長野県上田市別所温泉
清白寺仏殿	応永22年（1415）	山梨県山梨市三ヶ所
安国寺経蔵	応永15年（1408）	岐阜県高山市国府町西門前
永保寺観音堂	15世紀	岐阜県多治見市虎渓山町
永保寺開山堂	室町前期（1333～1392）	同上
慈照寺銀閣	長享3年（1489）	京都府京都市左京区銀閣寺町
慈照寺東求堂	文明18年（1486）	同上
善福院釈迦堂	嘉暦2年（1327）	和歌山県海南市下津町梅田
不動院金堂	天文9年（1540）	広島県広島市東区牛田新町
向上寺三重塔	永享4年（1432）	広島県尾道市瀬戸田町瀬戸田
瑠璃光寺五重塔	嘉吉2年（1442）	山口県山口市香山町
功山寺仏殿	元応2年（1320）	山口県下関市長府川端

けわずかに反らせるのに対して、禅宗様は中国南部に見られる強く、大きな反りを持つ。中心部の身舎の周りに裳階《もこし》と呼ぶ低い空間を巡らせた内部空間も、中心部が高く、扇垂木によって垂木が求心的に天井中央に集まっていく上昇感は、他の様式にない特徴である。

写真1　東福寺伽藍

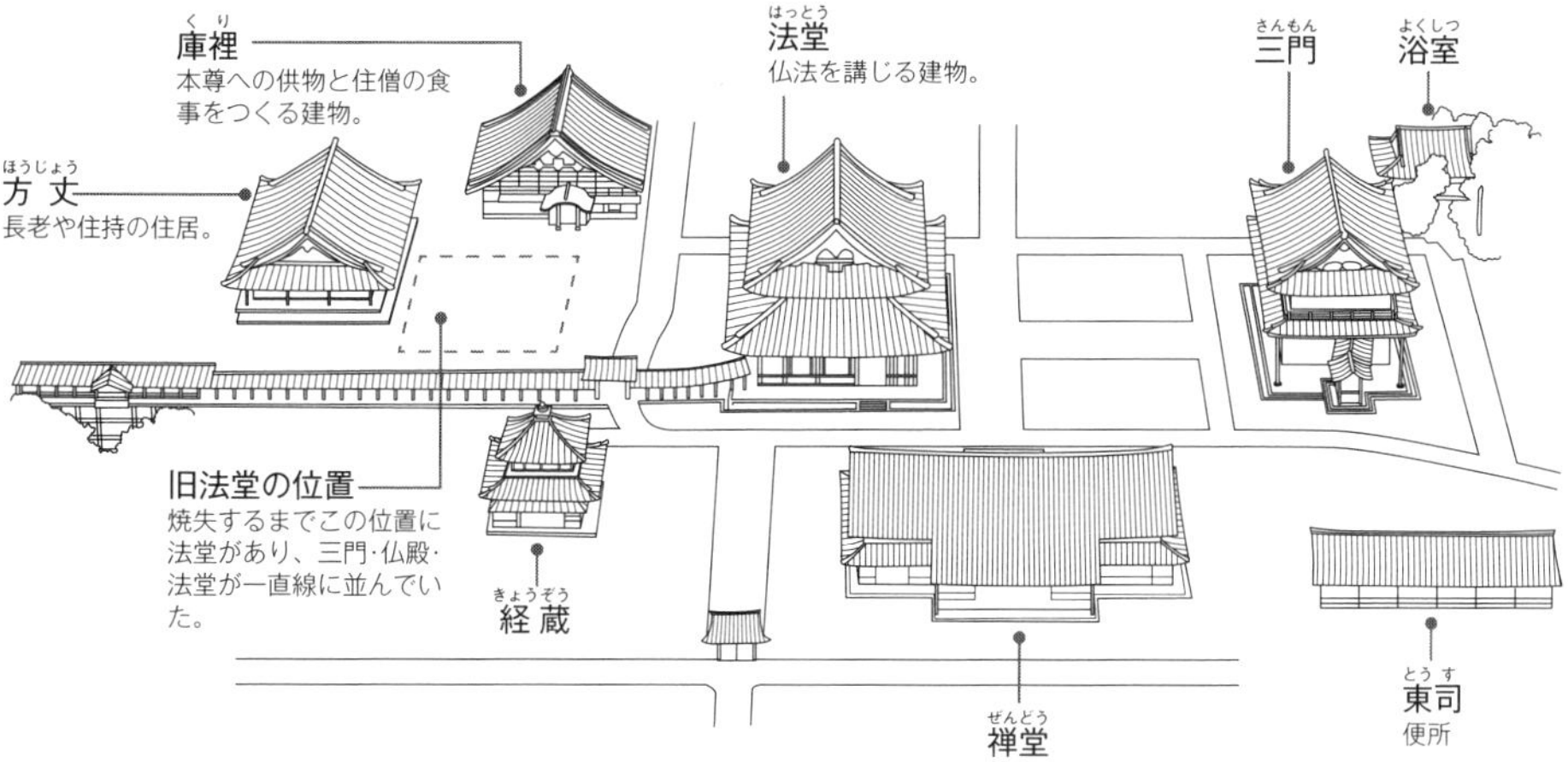
庫裡《くり》
本尊への供物と住僧の食事をつくる建物。
法堂《はっとう》
仏法を講じる建物。
三門《さんもん》
浴室《よくしつ》
方丈《ほうじょう》
長老や住持の住居。
旧法堂の位置
焼失するまでこの位置に法堂があり、三門･仏殿･法堂が一直線に並んでいた。
経蔵《きょうぞう》
禅堂《ぜんどう》
東司《とうす》
便所

図1　禅宗の伽藍配置　三門とは本堂を法空・涅槃と考え、そこへ入るための「三解脱門」（＝空門、無相門、無作門）の略称。禅堂は坐禅修行をするための建物。内部は土間で、ふつう内室と外室の二室に分かれる。僧堂、雲堂ともいう。［イラスト © ジェイ･マップ］

9章 禅宗伽藍と方丈

禅宗建築の景観と塔頭

鎌倉時代の初めに栄西《ようさい》により中国・宋《そう》から日本にもたらされた禅《ぜん》宗《しゅう》とその建築様式は、渡来僧《とらいそう》の蘭渓《らんけい》道隆《どうりゅう》が建長寺《けんちょうじ》を建立するに至ってほぼ完全に伝えられたと考えられている。鎌倉末最盛期（元弘《げんこう》元年・一三三一）の伽藍《がらん》を描いた「建長寺指図《さしず》」（一七三二年書写）には南から北へ、三門、仏殿、法堂《はっとう》とが一直線に配され、その両側に東司《とうす》、浴室、禅堂、僧堂、庫裡《くり》などが設けられている。この整然とした配置の中に一《いち》重裳階《じゅうもこし》付きで屋根が強く反《そ》り、小ぶりの肘木《ひじき》と斗《ます》を精緻に組み上げて

国宝）

万治2年(1659)～文政3年(1820)	富山県高岡市関本町
応永12年(1405)	京都府京都市東山区本町
慶長14年(1609)	宮城県宮城郡松島町松島
慶長16年(1611)～17世紀前半	京都府京都市左京区南禅寺福地町
寛永12年(1635)～寛永13年(1636)	京都府京都市北区紫野大徳寺町
永正10年(1513)	同上
嘉慶元年(1387)頃	同上

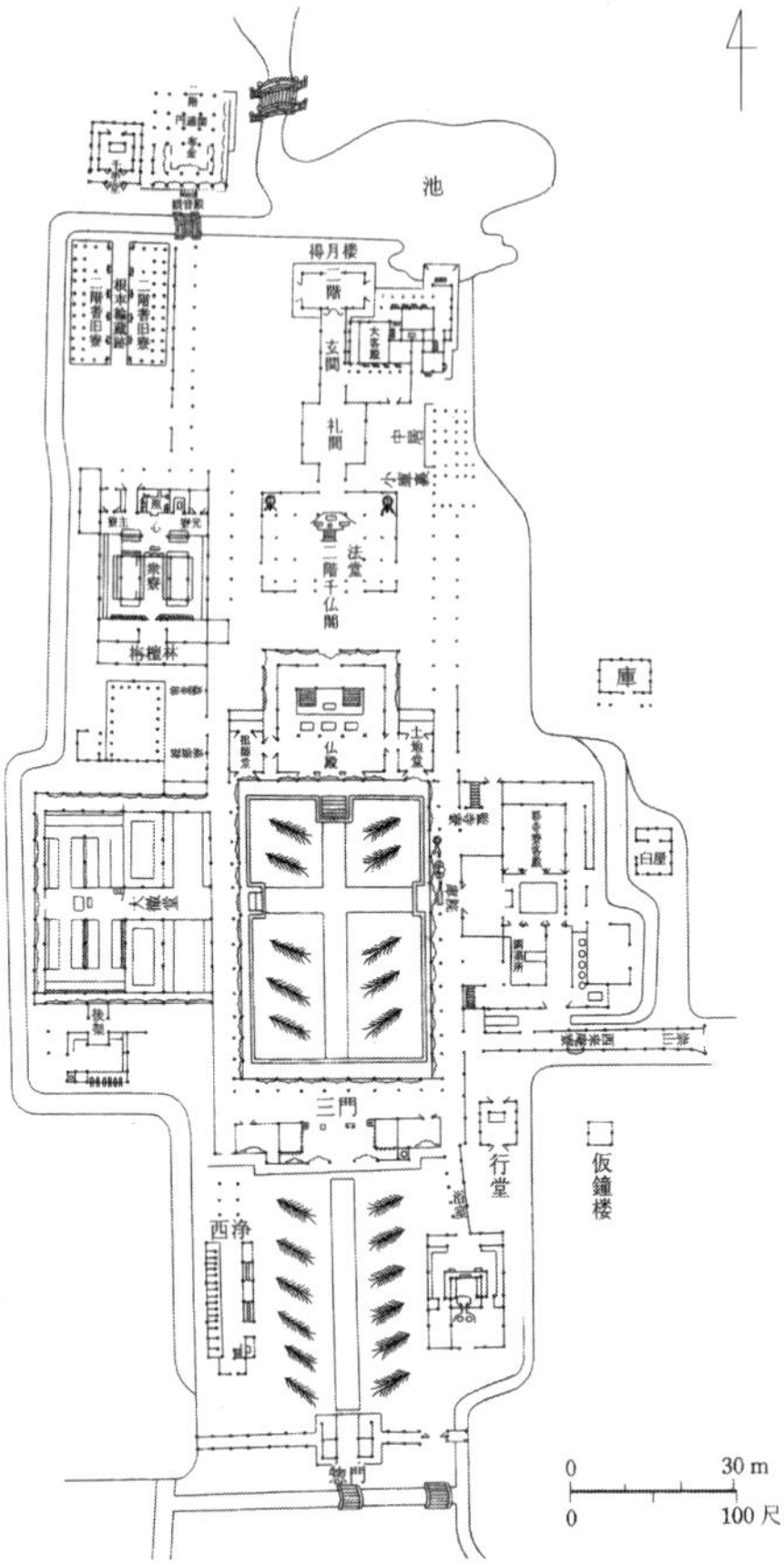

図2　建長寺伽藍指図　［出典：日本建築学会編『日本建築史図集 新訂第三版』彰国社（2011）、p.44］　指図は建物の柱と間仕切によって平面を表した図で、建長寺は入口（図下）に総門を置き、中央の蘭渓道隆由来の柏槇の木を植えた参道両側に浴室と東司、その突き当りに三門を設ける。三門後は廻廊に囲まれた中庭で、その両側に禅堂、庫院（台所、寺務）、奥に仏殿、続けて法堂を置く。その背面は方丈になるが、伽藍全体が縦長で奥行が深いことと、最奥に苑池を設けるのが、中国の禅宗伽藍と異なる。

詰組《つめぐみ》にし、花頭窓《かとうまど》、弓欄間《ゆみらんま》などの曲線を多用した異国的で理知的な意匠の建物を置いたのである。円覚寺舎《えんがくじしゃ》利殿《りでん》はじめ現存する国宝禅宗建築の遺構はどれも小ぶりだが、建長寺の創建後、鎌倉、室町幕府が設けた鎌倉五山《ござん》、京都五山級の建物は本来巨大なもので、それが伽藍を中心に一直線に連なっていた。伽藍内は儀式や座禅三昧《ざぜんざんまい》の信仰空間であった。

塔頭方丈

もう一つの注目すべきは、この伽藍の外に接してつくられた塔頭《たっちゅう》方丈の建築である。塔頭とは本来、寺院開山僧の墓とそれを守る僧侶の住むところだったが、後には後援者の要望に応じて多数つくられるようになる。その平面は基本的に南側の中央に儀式を行う室中《しっちゅう》と、その東西に客を迎える下間《げかん》・上間《じょうかん》を一列に置き、北側列には中央に眠蔵《めんぞう》・仏間《ぶつま》と、そ

写真２　東福寺龍吟庵方丈

表１　禅宗の伽藍建築

瑞龍寺仏殿・法堂・山門
東福寺三門
●方丈
瑞巌寺本堂・庫裏・廊下
南禅寺方丈
大徳寺方丈及び玄関
大仙院方丈
竜吟庵方丈

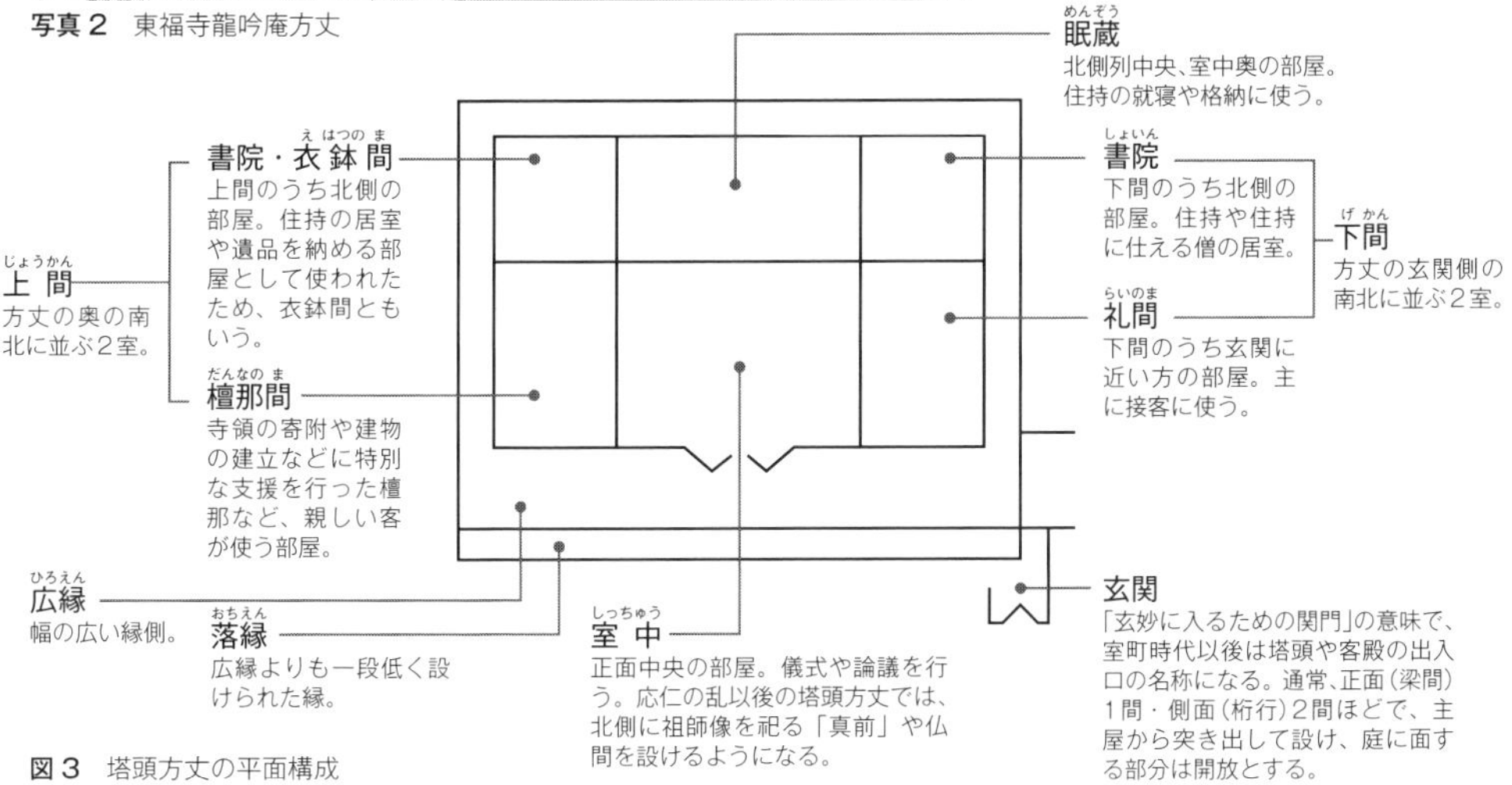
眠蔵《めんぞう》
北側列中央、室中奥の部屋。住持の就寝や格納に使う。
書院・衣鉢間《えはつのま》
上間のうち北側の部屋。住持の居室や遺品を納める部屋として使われたため、衣鉢間ともいう。
上間《じょうかん》
方丈の奥の南北に並ぶ２室。
檀那間《だんなのま》
寺領の寄附や建物の建立などに特別な支援を行った檀那など、親しい客が使う部屋。
書院《しょいん》
下間のうち北側の部屋。住持や住持に仕える僧の居室。
下間《げかん》
方丈の玄関側の南北に並ぶ２室。
礼間《らいのま》
下間のうち玄関に近い方の部屋。主に接客に使う。
広縁《ひろえん》
幅の広い縁側。
落縁《おちえん》
広縁よりも一段低く設けられた縁。
室中《しっちゅう》
正面中央の部屋。儀式や論議を行う。応仁の乱以後の塔頭方丈では、北側に祖師像を祀る「真前」や仏間を設けるようになる。
玄関
「玄妙に入るための関門」の意味で、室町時代以後は塔頭や客殿の出入口の名称になる。通常、正面（梁間）１間・側面（桁行）２間ほどで、主屋から突き出して設け、庭に面する部分は開放とする。

図３　塔頭方丈の平面構成

の東西に書院を配した全体で六室構成をとる。この六室構成は江戸時代にも堅持されるが、儀式に使う室中の北壁は、応仁の乱以前のものはただの板壁で、後の建物では仏間としての空間をつくり、室中北壁中央部が後ろに下がっていく。また住職などが日常的に使う北側の書院は、古いものでは座敷飾《ざしきかざ》りがないが、後には床や書院などの座敷飾りがつけられるようになる。さらに、建物と塀との間の狭い空間にも水を使わない庭（枯山水《かれさんすい》）がつくられる。塔頭方丈は儀式を行う寺院空間と住職などの住む居住空間との二つの用途を併せ持つ空間で、庭や内部の襖絵《ふすまえ》は、はじめは禅僧によってつくられたと考えられており、修行と接客の拮抗する機能の上に建物と庭が一体となった精神性が高い小宇宙でもある。

写真1　明王院本堂　鎌倉時代の折衷様式本堂の代表作。和様に禅宗様を取り入れた古い例で、二つの様式が折衷された時期を示す基準作。和様では肘木の上に斗を三つ置くが、大仏様では二つの「二つ斗(双斗)」を使う。明王院本堂の二つ斗は、絵様繰形のついた花肘木になっている。

10章 中世仏堂様式の工夫

新和様・折衷様

日本寺院の建物のつくり方には、和様《わよう》、大仏様《だいぶつよう》、禅宗様《ぜんしゅうよう》と呼ぶ三つの基本的な様式がある。和様とは大陸渡来の様式のうち、特に中国盛唐《せいとう》時代の様式が定着し整えられた様式で、奈良時代末には完成し、平安時代以後広く使われた日本古来の様式である。大仏様と禅宗様は十二世紀末の東大寺《とうだいじ》再建に使われた様式と禅宗とともに中国から日本に導入された鎌倉時代の様式である。鎌倉時代の二様式はそれぞれ導入時には、様式を主導した重源《ちょうげん》と東大寺関係の建築および禅宗寺院の建築にもっぱら使われるが、後には宗派を問わず必要に応じて使われるようになり、それぞれの特徴を組み入れたさらに新しい様式が考案される。この新様式にはいくつかの定義があるが、和様の細部に大仏様を取り入れたものを新和様《しんわよう》、和様を基本にしながら、大仏様や禅宗様の細部とプロポーションを取り入れた様式を折衷様《せっちゅうよう》とするのが一般的である。

写真２　観心寺金堂外陣の内部　和様に大仏様を入れた新和様とも呼ばれる観心寺の外陣部分。柱上部の挿肘木や柱間装置の双斗など大仏様の形に注目。

　これらの五つの様式を区別するためには、まず前三者の構造、意匠の違いを理解する必要がある。和様の構造は、柱の側面に長押《なげし》を打ち付けて建物を強くするのに対し、大仏様と禅宗様は柱に穴をあけ貫《ぬき》を通すことで強度を上げるという大きな違いがある。これは、和様が長押の横線と建物の横長のプロポーションによって水平的な意匠を構成するのに対して、大仏様や禅宗様では柱の垂直線が長押に邪魔されずに上へ伸び、内外部とも高さ方向が強調される縦長プロポーションになるという違いを生む。和様ではそこへ柱の上の組物を加えることによって穏やかな意匠を構成し、大仏様では、柱を貫き通した貫の端（木鼻《きばな》）や柱に挿した挿肘木《さしひじき》の先端に曲線（繰形《くりがた》）を入れて、豪快な構造美を飾る。禅宗様では、大仏様とは系統の違う木鼻の繰形、曲線の窓（花頭窓《かとうまど》）、弓欄《ゆみらん》間《ま》、虹梁《こうりょう》の強い曲線（海老《えび》虹梁）など、いたる所に曲線を使って装飾性豊かな建物をつくる。

　新和様と折衷様は、和様を基本に大仏様、禅宗様の要素を自在に組み合わせて華やかな建物をつくろうとしたが、すべてが同じ組合せ方で使われたのではないので、全体の様式使用のバランスと、それぞれに凝らされた工匠の工夫を発見することが理解のポイントになる。その建物の完成度には職人の知識と技術、構想力が大きく影響するが、新和様、折衷様の建物は東大寺のある奈良近郊と東大寺系の職人が律宗《りっしゅう》僧の手引きで活躍した瀬戸内海沿岸に多く、東大寺の再建に携わった職人によって広められた可能性が高い。

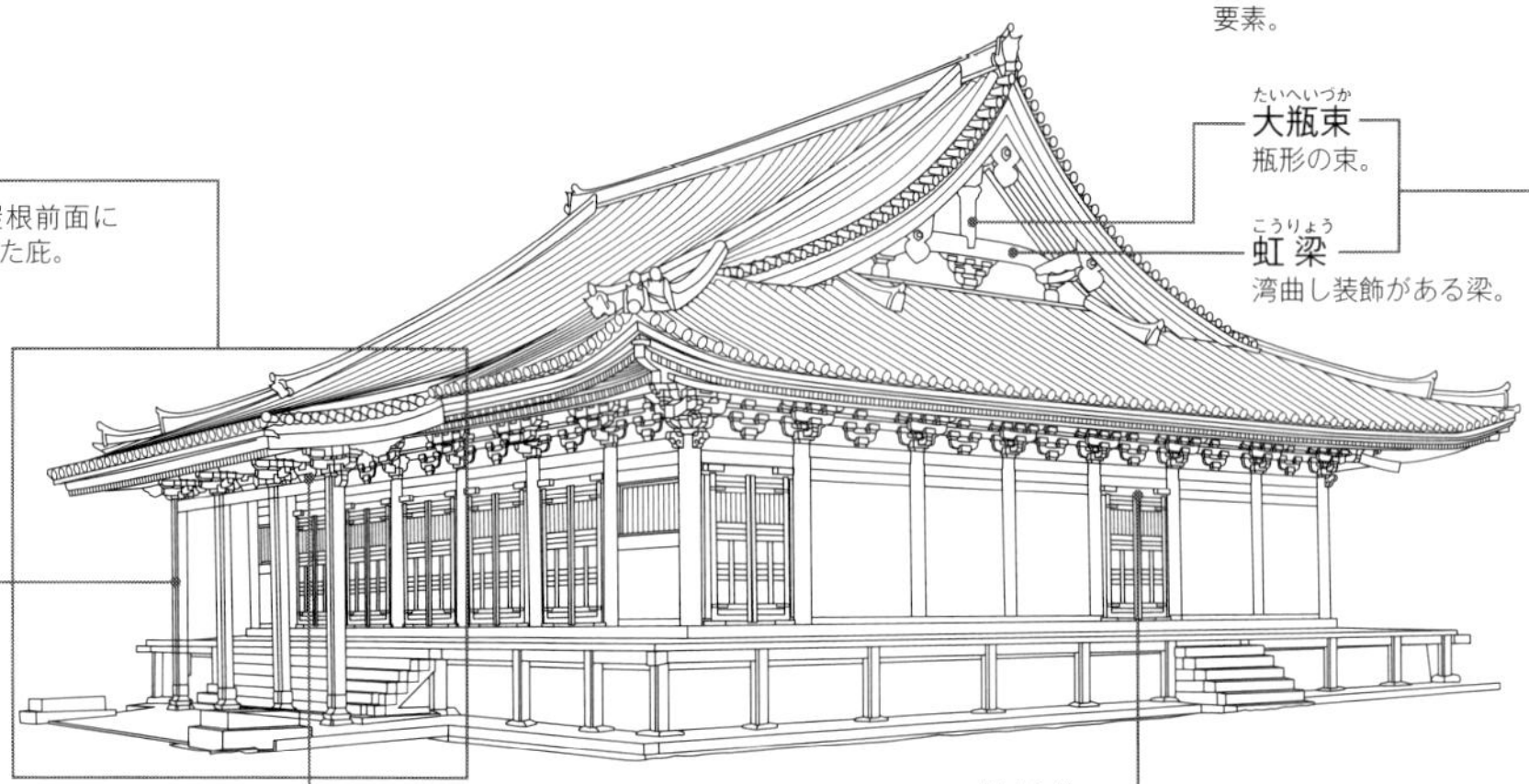
屋根の妻《つま》飾り
虹梁の上に大瓶束を立て、虹梁の下には組物を入れる。大瓶束は大仏様・禅宗様の要素。
大瓶束《たいへいづか》
瓶形の束。
虹梁《こうりょう》
湾曲し装飾がある梁。
向拝《こうはい》
建物の屋根前面につけられた庇。
向拝柱
向拝を支える柱。大面取角柱で下部に粽（禅宗様）がつく。
手挟《たばさみ》
向拝を支える組物から垂木に沿って出された、彫刻装飾の入った部分。
桟唐戸《さんからど》
縦横に組んだ桟で枠をつくり、その間に板や連子を入れた扉。大仏様・禅宗様の要素。

図 1　外観・各部名称［モデル：観心寺金堂］

格天井《ごうてんじょう》
格縁を組んで区画をつくった天井。和様。

内法長押《うちのりなげし》
この建物では貫の上に重ねて長押を取り付けており、折衷様の特徴が出ている。和様。

頭貫《かしらぬき》

板絵《いたえ》
観心寺金堂では須弥壇に向かって右内側に胎蔵界曼荼羅、左内側に金剛界曼荼羅が描かれる。

厨子《ずし》
本尊を安置するつくり付けの仏具。観心寺では厨子を設け観音像を安置する。

須弥壇《しゅみだん》
仏像を安置する場所。

擬宝珠《ぎぼし》付き高欄《こうらん》
和様。

格狭間《ごうざま》

繰形《くりがた》付き框《かまち》
禅宗様風。

表 1　鎌倉・室町時代の仏堂（国宝）

●新和様・折衷様

大善寺本堂	弘安 9 年（1299）	山梨県甲州市勝沼町
長弓寺本堂	弘安 2 年（1279）	奈良県生駒市上町
霊山寺本堂	弘安 6 年（1283）	奈良県奈良市中町
室生寺本堂	延慶元年（1308）	奈良県宇陀市室生区室生
孝恩寺観音堂	14 世紀初め	大阪府貝塚市木積
浄土寺本堂	嘉暦 2 年（1327）	広島県尾道市東久保町
太山寺本堂	嘉元 3 年（1305）	愛媛県松山市太山寺町
観心寺金堂	14 世紀中頃	大阪府河内長野市寺元
長保寺本堂	延慶 4 年（1311）	和歌山県海南市下津町上
鶴林寺本堂	応永 4 年（1397）	兵庫県加古川市加古川町北在家
明王院本堂	元応 3 年（1321）	広島県福山市草戸町
本山寺本堂	嘉元 3 年（1305）	香川県三豊市豊中町本山

●和様

明通寺本堂	正嘉 2 年（1258）	福井県小浜市門前
長寿寺本堂	13 世紀前半	滋賀県湖南市東寺
大報恩寺本堂（千本釈迦堂）	安貞元年（1227）	京都府京都市上京区五辻通六軒町西入溝前町
蓮華王院本堂（三十三間堂）	文永 3 年（1266）	京都府京都市東山区東大路通渋谷下る妙法院前側町
金剛峯寺不動堂	建久 8 年（1197）	和歌山県伊都郡高野町大字高野山
鑁阿寺本堂	正安元年（1299）	栃木県足利市家富町

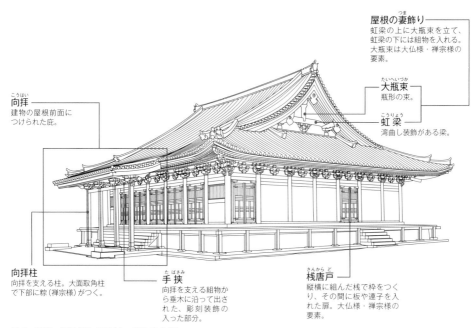

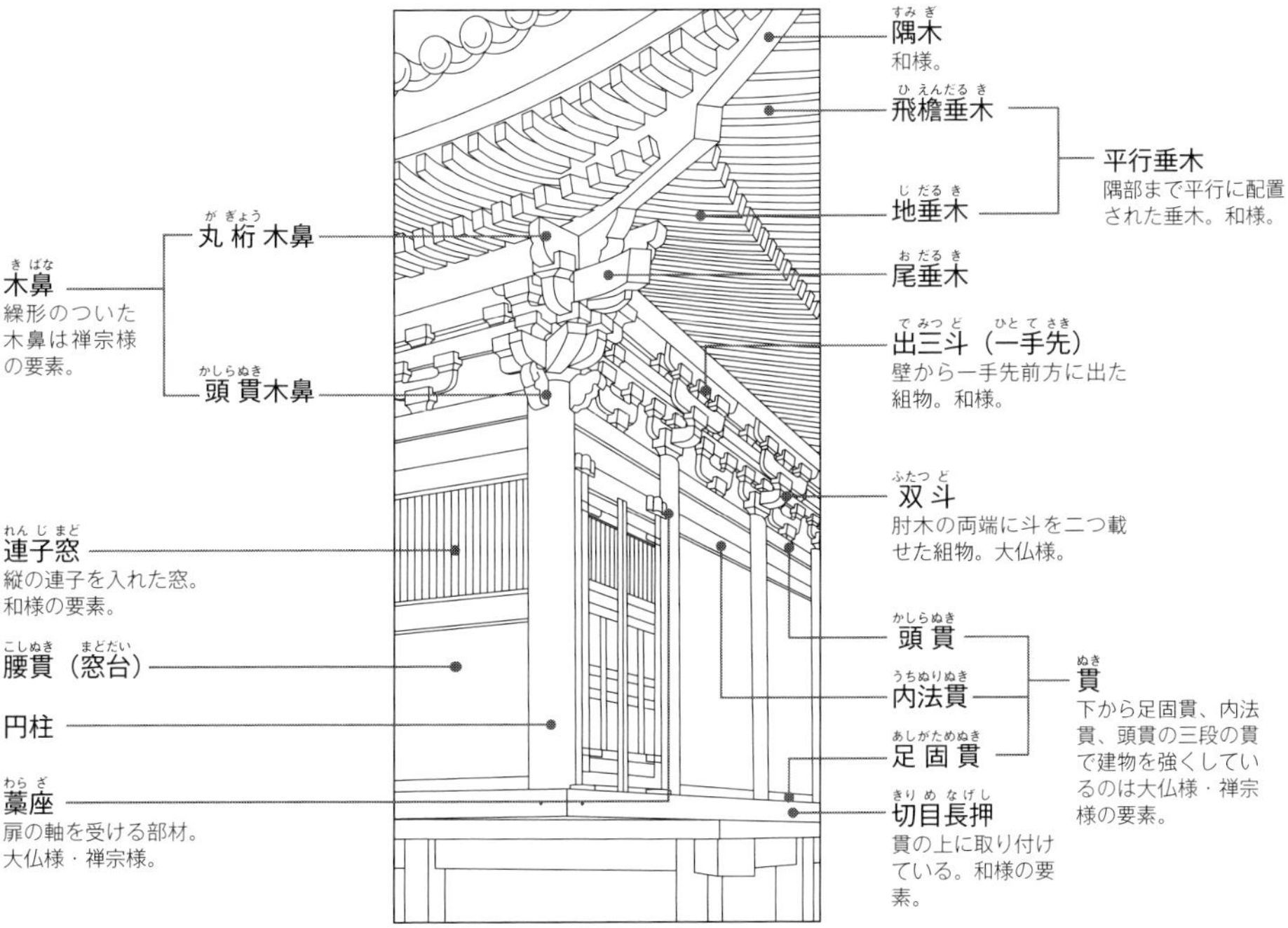
隅木《すみぎ》
和様。
飛檐垂木《ひえんだるき》
平行垂木
隅部まで平行に配置された垂木。和様。
地垂木《じだるき》
丸桁《がぎょう》木鼻
木鼻《きばな》
繰形のついた木鼻は禅宗様の要素。
尾垂木《おだるき》
出三斗《でみつど》（一手先《ひとてさき》）
壁から一手先前方に出た組物。和様。
頭貫《かしらぬき》木鼻
双斗《ふたつど》
肘木の両端に斗を二つ載せた組物。大仏様。
連子窓《れんじまど》
縦の連子を入れた窓。和様の要素。
頭貫《かしらぬき》
内法貫《うちぬりぬき》
腰貫《こしぬき》（窓台《まどだい》）
円柱
足固貫《あしがためぬき》
貫《ぬき》
下から足固貫、内法貫、頭貫の三段の貫で建物を強くしているのは大仏様・禅宗様の要素。
藁座《わらざ》
扉の軸を受ける部材。大仏様・禅宗様。
切目長押《きりめなげし》
貫の上に取り付けている。和様の要素。

図2　外観細部

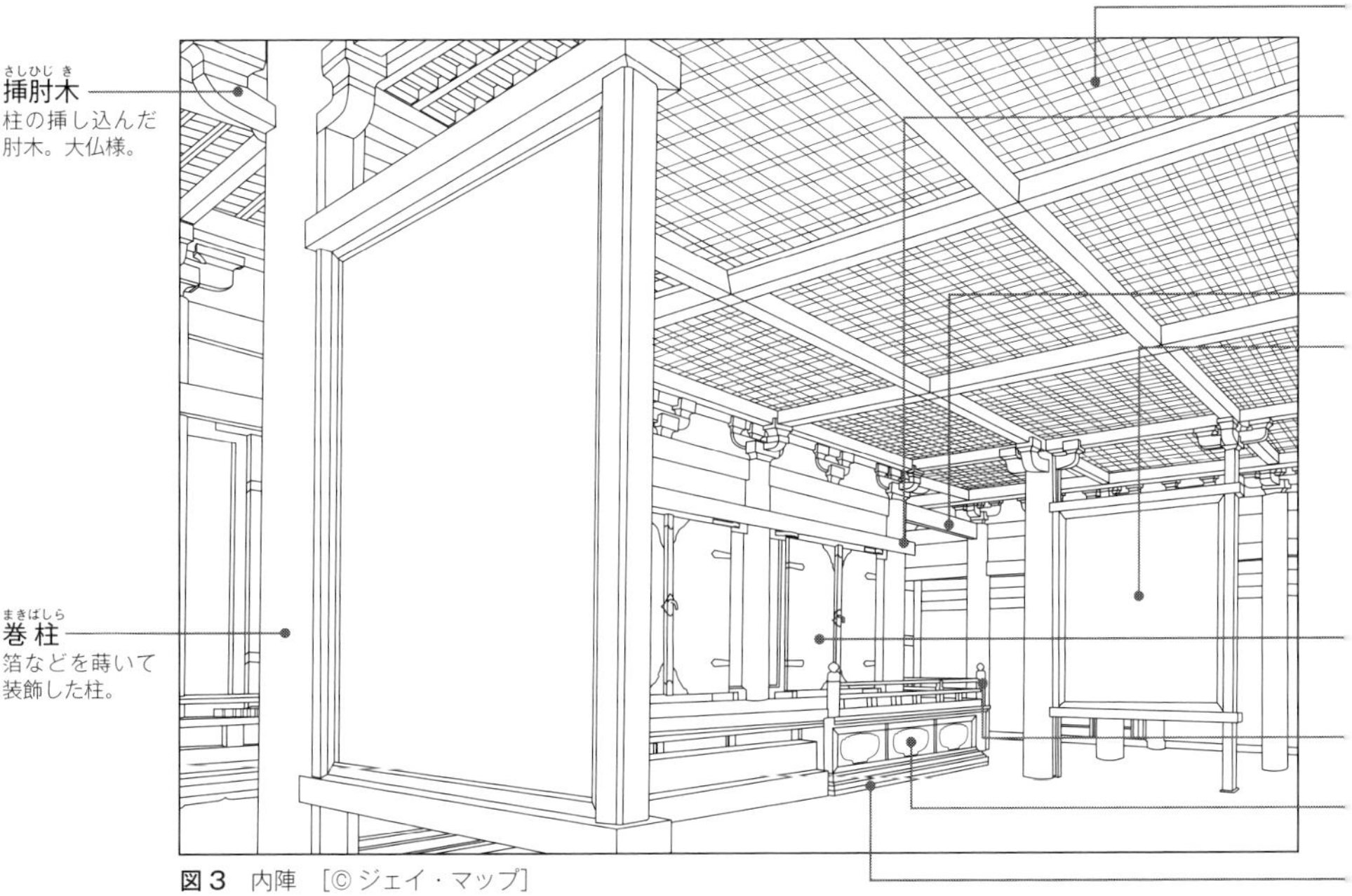
挿肘木《さしひじき》
柱の挿し込んだ肘木。大仏様。
巻柱《まきばしら》
箔などを蒔いて装飾した柱。

図3　内陣　[©ジェイ・マップ]

写真 1　知恩院勢至堂

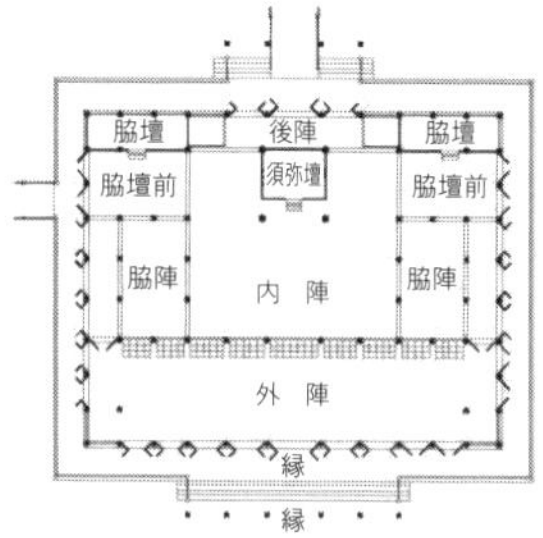

図 1　平面図（出典：浄土宗知恩院 HP）

写真 2　知恩院勢至堂の内部。本堂が祀られている内陣と儀式に使われる脇陣が格子によって、参拝に使われる外陣と分けられている。

11章 鎌倉新仏教の仏堂

浄土宗・日蓮宗・浄土真宗・時宗

平安時代の後半には、それまで広い建物をつくるためには、母屋《もや》（身舎《もや》）の周りに庇《ひさし》をつけ、さらにはその外側に孫庇《まごひさし》を、あるいは前面に同じ長さの別棟の建物（双堂《ならびどう》）を建てていたものが、構造・構法の発展の結果、一つの大きな屋根で覆ってつくることができるようになり、鎌倉時代にはそれが一般化する。平安時代仏教の二大勢力であった天台《てんだい》宗と真言《しんごん》宗の本堂（古くは金堂《こんどう》、鎌倉時代に本堂と呼ぶようになる）は、全体を格子によって、本尊を祀《まつ》る内陣《ないじん》と主に儀式に使う外陣《げじん》の二つに大き

写真３　本蓮寺本堂　日蓮宗の代表的遺構。

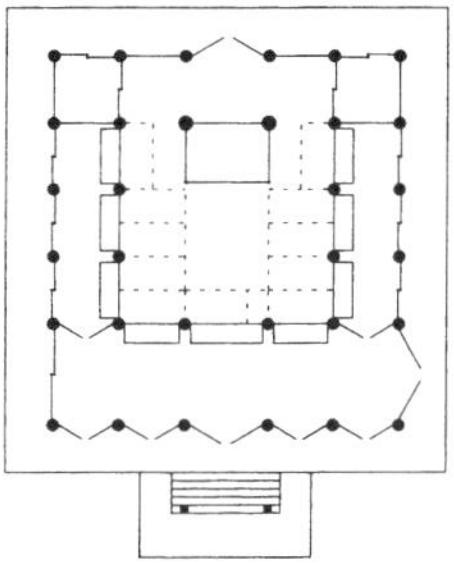

写真４　西郷寺本堂　時宗の本堂。外陣と脇間の間に間仕切がない。

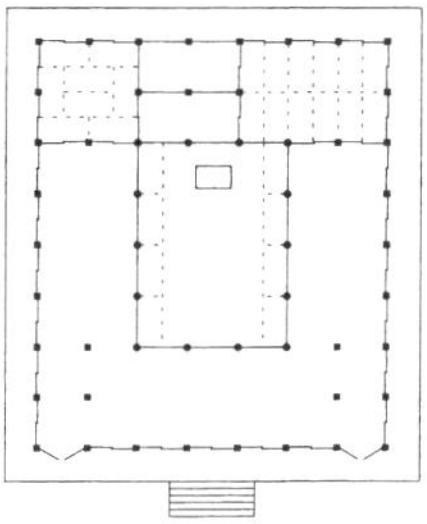

写真５　照蓮寺本堂　浄土真宗の本堂。ほとんどが住宅風の畳敷になる。［写真　清永洋平］

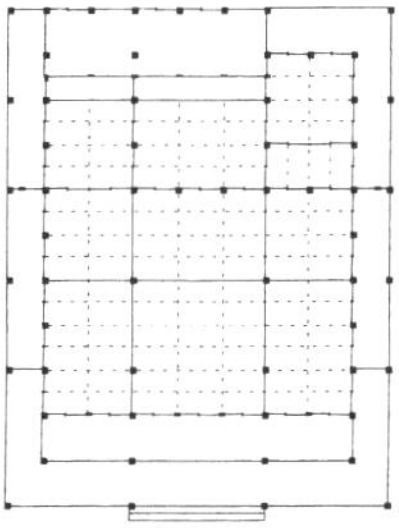

［以上、右平面図 © 工学院大学後藤研究室、出典：日本建築学会編『日本建築史図集 新訂第三版』彰国社（2011）、p.52］

く分けた形になる。鎌倉時代以降の仏堂は、室町時代以後、特に江戸時代に参詣者が激増すると建物前面に壁をつけない吹き放ち部分を増築した形式も現れるが、仏堂の内部は、この内外陣二つに分けた形式（中世仏堂、中世密教本堂）がほとんどになる。

これに対して、鎌倉初期に活躍した法然《ほうねん》の浄土《じょうど》宗をはじめ、念仏を宗旨とする一遍《いっぺん》の時《じ》宗（時衆）、親鸞《しんらん》の浄土真《じょうどしん》宗、一向《いっこう》宗が教団化する本願寺《ほんがんじ》、また南無妙法蓮華経《なむみょうほうれんげきょう》の題目を唱える日蓮《にちれん》の日蓮宗など、鎌倉時代に現れた新しい仏教の宗派では、例外的に、中世仏堂形式とは違った形の仏教建築がつくられる。その特徴は構造や構法にはなく、使い方に応じた平面と建築配置の変化にある。鎌倉新仏教は多くの武士や庶民を信者としたため、はじめの頃は武士の持《じぶつ》仏堂や住宅を本拠とし、室町時代に仏堂としての形が整うが、そこには住宅風の意匠が残っている。

また、それらの建物の種類と配置だが、浄土宗、浄土真宗では、阿弥《あみ》陀如来《だにょらい》を祀る阿弥陀堂のほかに、開祖（法然、親鸞）を祀る御影《みえい》堂を主要な建築として配置し、日蓮宗では、日蓮の御影を納める御影堂（祖師《そし》堂）を中心に伽藍《がらん》が発展し、祖師堂と釈尊を祀る本堂の二堂形式が確立する。日蓮宗では、法華経信仰に基づき（多）宝塔や五重塔も重視され、門も総門（大門、山門）と三門（二天《にてん》門、仁王《におう》門）の二門形式をとる。

平面は、中世仏堂が内陣、外陣を格子で区切り、基本的に前後二つの領域に分けるのに対して、内陣の周りを、正面の外陣、両脇の脇之《わきの》間《ま》（余間《よま》）が凹形に囲み、内陣が三列構成になるのが特徴である。日蓮宗では柱はすべて丸柱で内陣・脇之間の床が外陣よりも一段高く、内陣と外陣・脇之間境は外陣側を揚格《あげこう》子《し》、両脇之間側は、はめ殺しの格子戸にする。念仏の浄土宗では内陣と外陣境に蔀戸《しとみど》を入れて仕切りを明確にし、脇之間の幅を広くとり本尊背面の来迎柱、内陣周りは丸柱、それ以外は角柱とする。浄土宗では、外陣を広くとり無目敷居《むめしきい》（溝のない敷居）で室内を分ける。内陣の床は外陣より一段高くするが、内陣に来迎柱は設けず、すべて角柱で住宅風の意匠が強い。時宗の仏堂は、平面構成は、内陣周りを丸柱とし、ほかは角柱で浄土宗の建築と似るが、内陣と外陣・脇之間境に間仕切り（建具）を設けない。これは堂内で踊念仏を行うためと考える見方もある。

代表的な遺構は、浄土宗では知《ち》恩院《おんいん》勢至堂《せいしどう》（旧本堂、享禄《きょうろく》三年・一五三〇）、日蓮宗では本蓮寺《ほんれんじ》本堂（明応《めいおう》元年・一四九二）、浄土真宗では照蓮寺《しょうれんじ》本堂（永正《えいしょう》元年・一五〇四）、時宗では西郷寺《さいごうじ》本堂（応永《おうえい》十三年・一四〇六）がある。

写真６　妙成寺伽藍　日蓮宗の伽藍　左から三光堂、本堂、祖師堂の三棟を横に並べる。

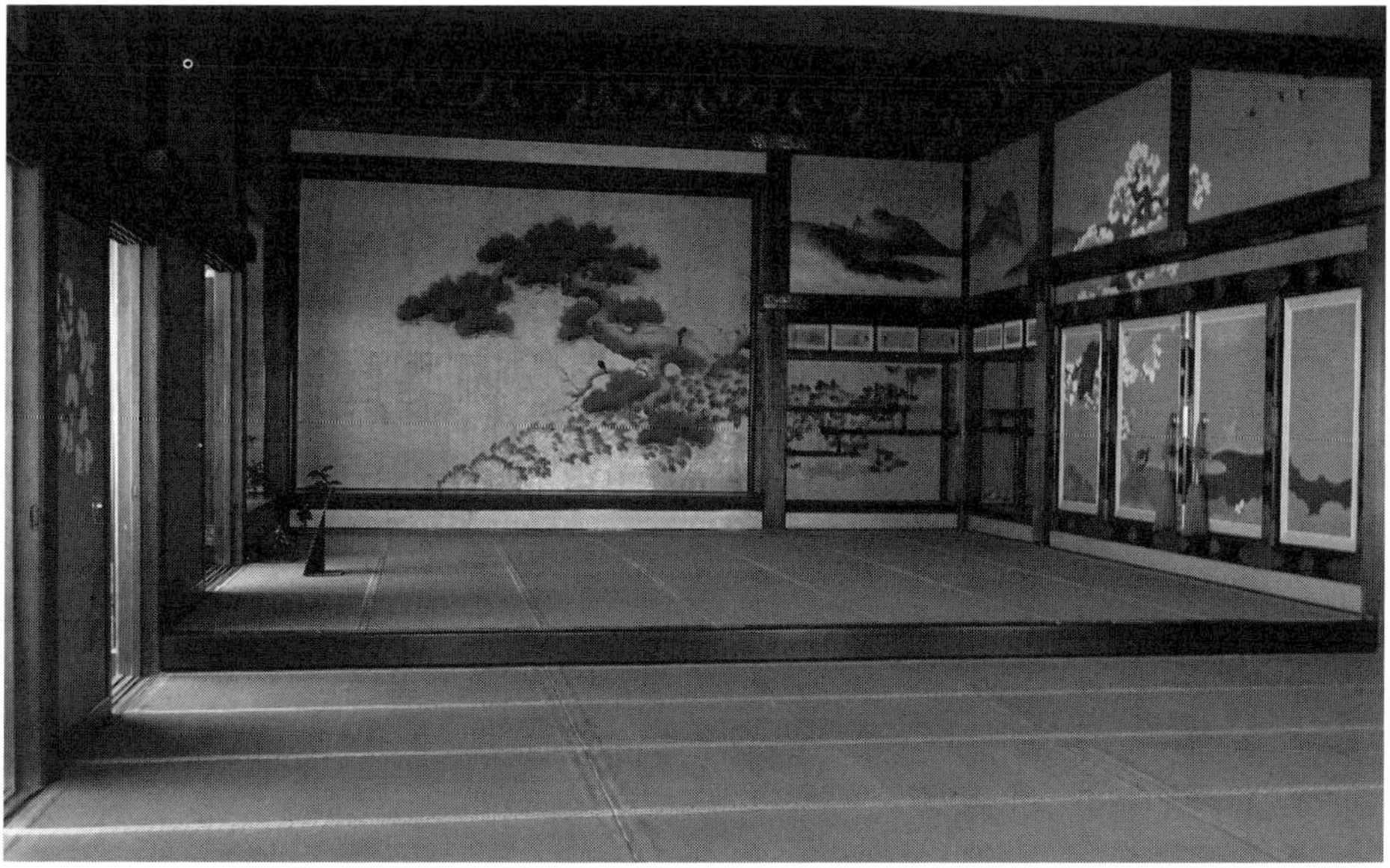

写真 1　二条城二の丸御殿黒書院（小広間）　大広間に次ぐ公式の広間。正面に床の間、その左右に付書院と違棚を設けた書院造の典型。

写真 2　二条城二の丸御殿　手前に表門、右奥に遠侍、大広間の屋根、向きを変えた小広間の屋根が見える。

12章 書院造

権力者住居様式の完成

日本の住宅系建築を知るには、平安時代の貴族住宅に使われた寝殿《しんでん》造《づくり》と、室町時代から桃山時代に形成された書院造《しょいんづくり》、そして桃山時代から江戸初期に生まれた数寄屋造《すきやづくり》の三つの様式を理解するとわかりやすい。

平安時代の寝殿造は、現在一棟も残っていないが、寝殿と呼ばれる南面する建物を中心に東西背後に対屋《たいのや》という付属建物を建て並べ、廊《ろう》でつなぎ、寝殿前に儀式に使用する広い庭と、東西に中門廊《ちゅうもんろう》という出入口を設けていた。また、それぞれの建う空間を巡らし、円柱を使った建物の

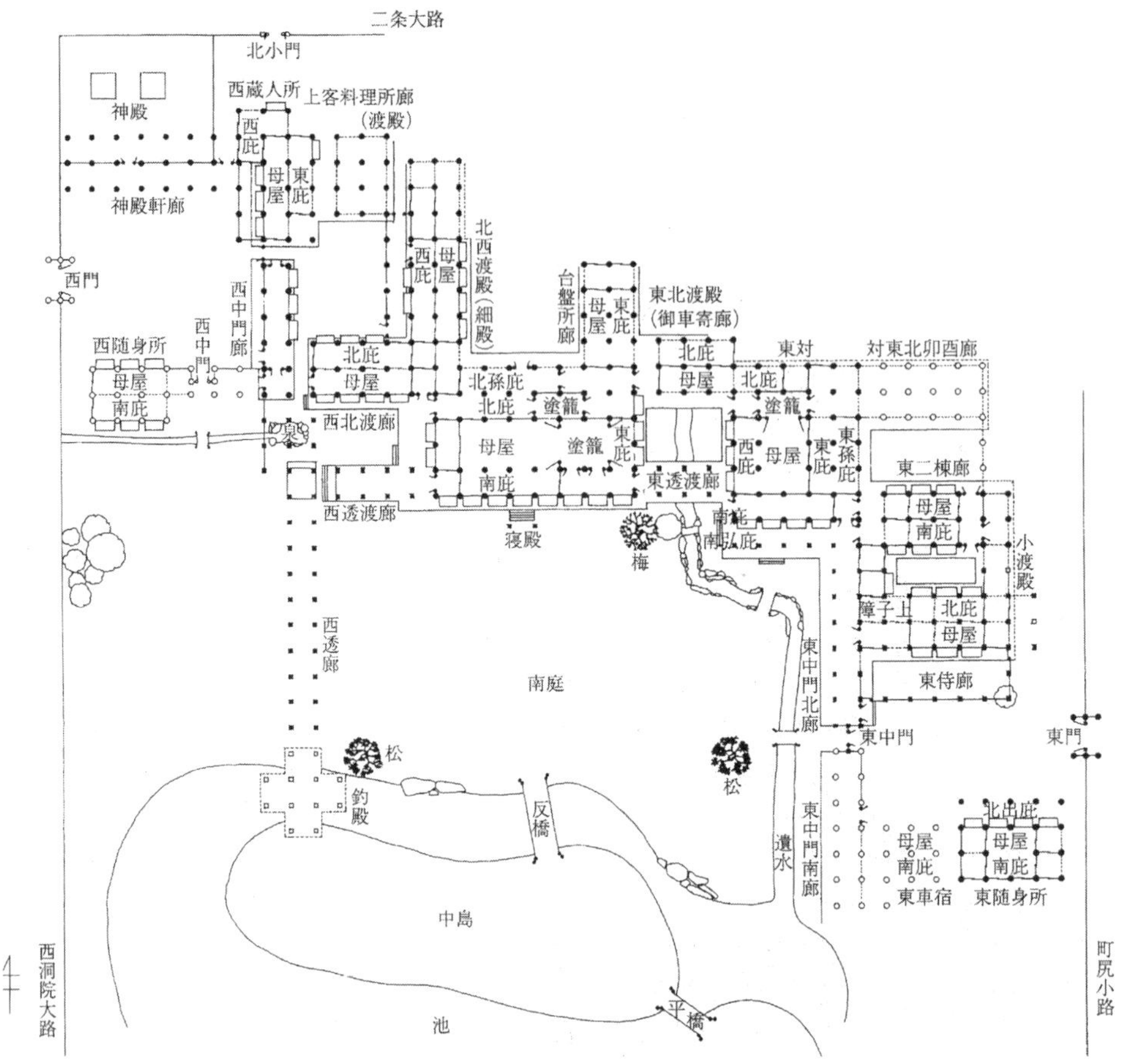

図１　代表的な寝殿造の図　東三条殿　［出典：川本重雄『寝殿造の空間と儀式』中央公論美術出版（2005）図37］

内部に間仕切りはほとんどなく、板敷きの内部を几帳《きちょう》や屏風などの仮設間仕切りで仕切って使用していた。

　これが鎌倉、室町時代に簡略化されて中心部の建物と中門廊の一部だけが残り、内部も母屋《もや》、庇《ひさし》の構成がなくなって平面がいくつかの部屋に分割されて間仕切りが固定され、使い勝手と収まりがよいように間仕切りには引き戸を入れ、柱は角柱になる。そして、部屋の大きさに応じて天井が張られ、板敷きの一部に置いて使用していた畳も部屋全体に敷き詰められるようになる。

　またこれに、鎌倉末から室町時代に中国からの輸入品である唐物《からもの》を飾るための板や棚、文机《ふづくえ》がつくり付けとされて床《とこ》（押板《おしいた》）、棚、付書院などの座敷飾りがつけられて初期の様式（主殿造《しゅでんづくり》と呼ぶ研究者もいる）が形づくられる。桃山時代になると豊《とよ》

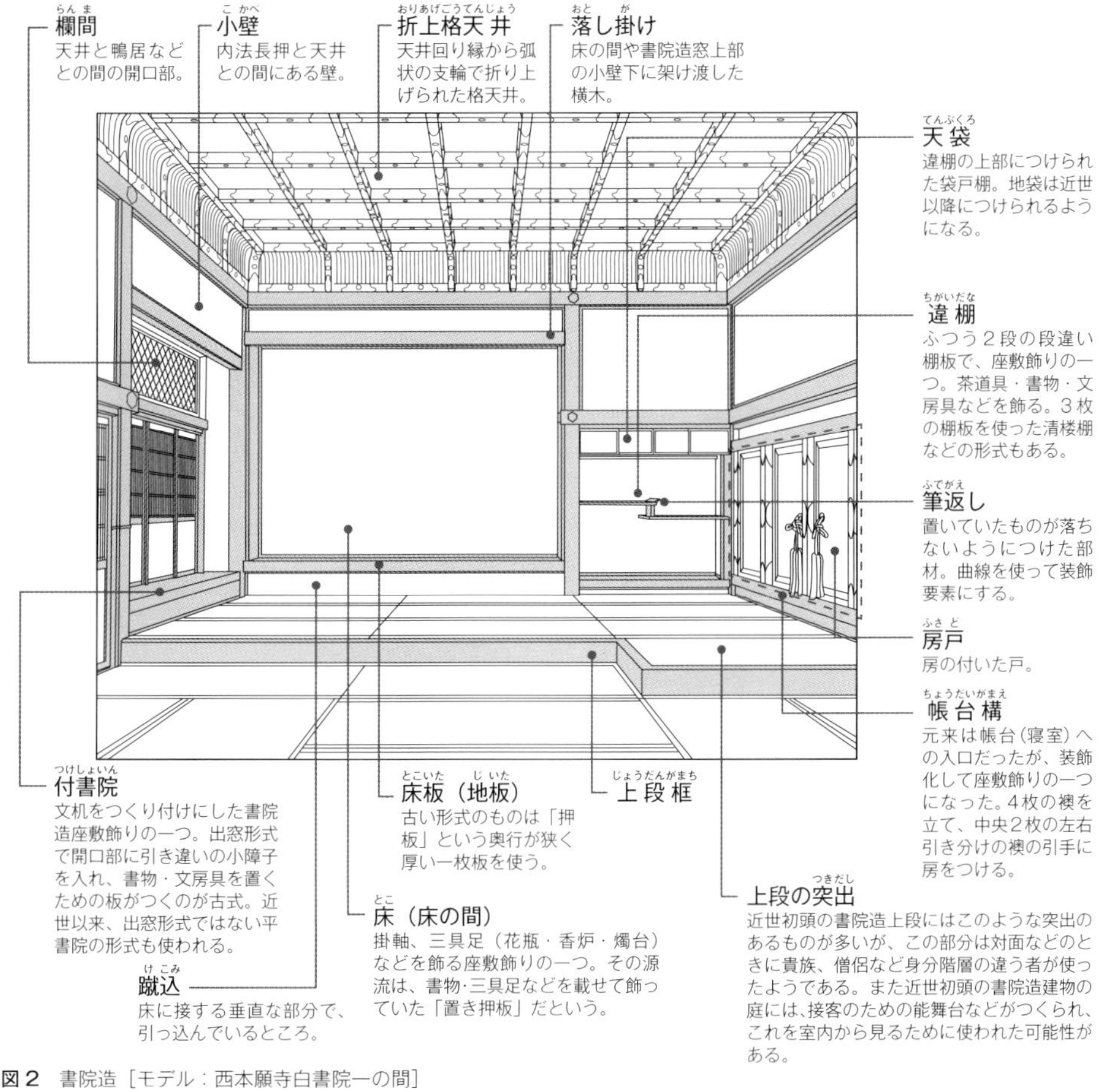
欄間《らんま》
天井と鴨居などとの間の開口部。
小壁《こかべ》
内法長押と天井との間にある壁。
折上格天井《おりあげごうてんじょう》
天井回り縁から弧状の支輪で折り上げられた格天井。
落《おと》し掛《が》け
床の間や書院造窓上部の小壁下に架け渡した横木。
天袋《てんぶくろ》
違棚の上部につけられた袋戸棚。地袋は近世以降につけられるようになる。
違棚《ちがいだな》
ふつう2段の段違い棚板で、座敷飾りの一つ。茶道具・書物・文房具などを飾る。3枚の棚板を使った清楼棚などの形式もある。
筆返《ふでがえ》し
置いていたものが落ちないようにつけた部材。曲線を使って装飾要素にする。
房戸《ふさど》
房の付いた戸。
帳台構《ちょうだいがまえ》
元来は帳台(寝室)への入口だったが、装飾化して座敷飾りの一つになった。4枚の襖を立て、中央2枚の左右引き分けの襖の引手に房をつける。
付書院《つけしょいん》
文机をつくり付けにした書院造座敷飾りの一つ。出窓形式で開口部に引き違いの小障子を入れ、書物・文房具を置くための板がつくのが古式。近世以来、出窓形式ではない平書院の形式も使われる。
床板《とこいた》(地板《じいた》)
古い形式のものは「押板」という奥行が狭く厚い一枚板を使う。
上段框《じょうだんがまち》
蹴込《けこみ》
床に接する垂直な部分で、引っ込んでいるところ。
床《とこ》(床の間)
掛軸、三具足(花瓶・香炉・燭台)などを飾る座敷飾りの一つ。その源流は、書物・三具足などを載せて飾っていた「置き押板」だという。
上段の突出《つきだし》
近世初頭の書院造上段にはこのような突出のあるものが多いが、この部分は対面などのときに貴族、僧侶など身分階層の違う者が使ったようである。また近世初頭の書院造建物の庭には、接客のための能舞台などがつくられ、これを室内から見るために使われた可能性がある。

図2　書院造［モデル：西本願寺白書院一の間］

臣秀吉《とみひでよし》が、室町将軍にならい、格式、権威の表現として配下の大名などとの対面に使い、座敷飾りのついた建物を建て並べ、庭に能舞台《のうぶたい》、茶室などを設けた。それを徳川政権が継承、広めて書院造が確立するのである。

書院造はこのような過程で構成されるので、桃山時代のものは金碧《きんぺき》障壁画、透彫《すかしぼり》で満たされた欄間《らんま》彫刻など豪華な装飾がなされており、それぞれの建物における格式、権威の表現が見どころである。また大規模な御殿では対面所《たいめんじょ》、白書院《しろしょいん》、黒書院《くろしょいん》など、公式な対面、親密な者との対面、面会、私的空間として使う書院など、目的によって意匠を変え、対面所の壮大豪華で見る者を威嚇するような障壁画から黒書院の落ち着いた水墨画までを使い分けており、その使い分けの表現を比較しながら全体を見ることが理解のポイントである。

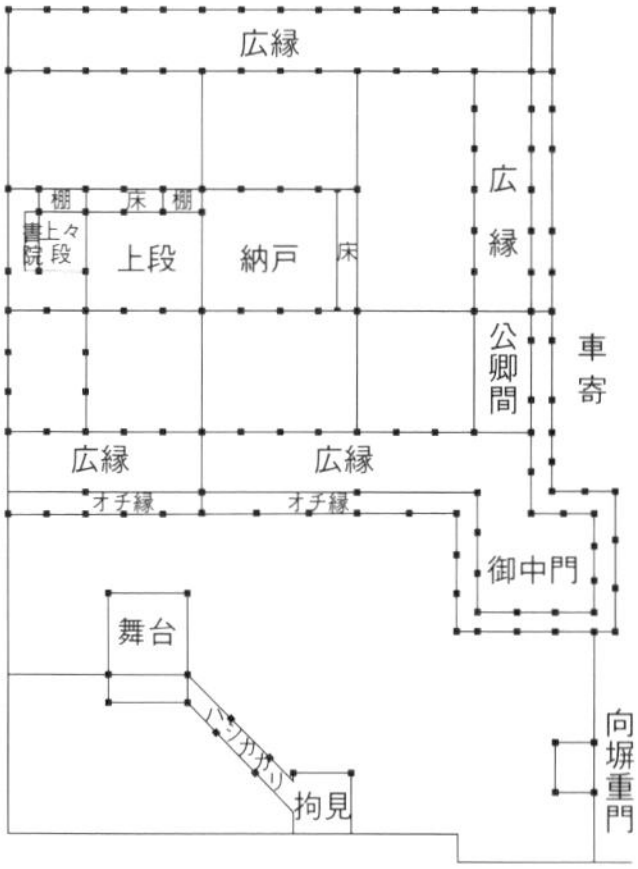

図４　初期書院造（『匠明』当代広間ノ図）

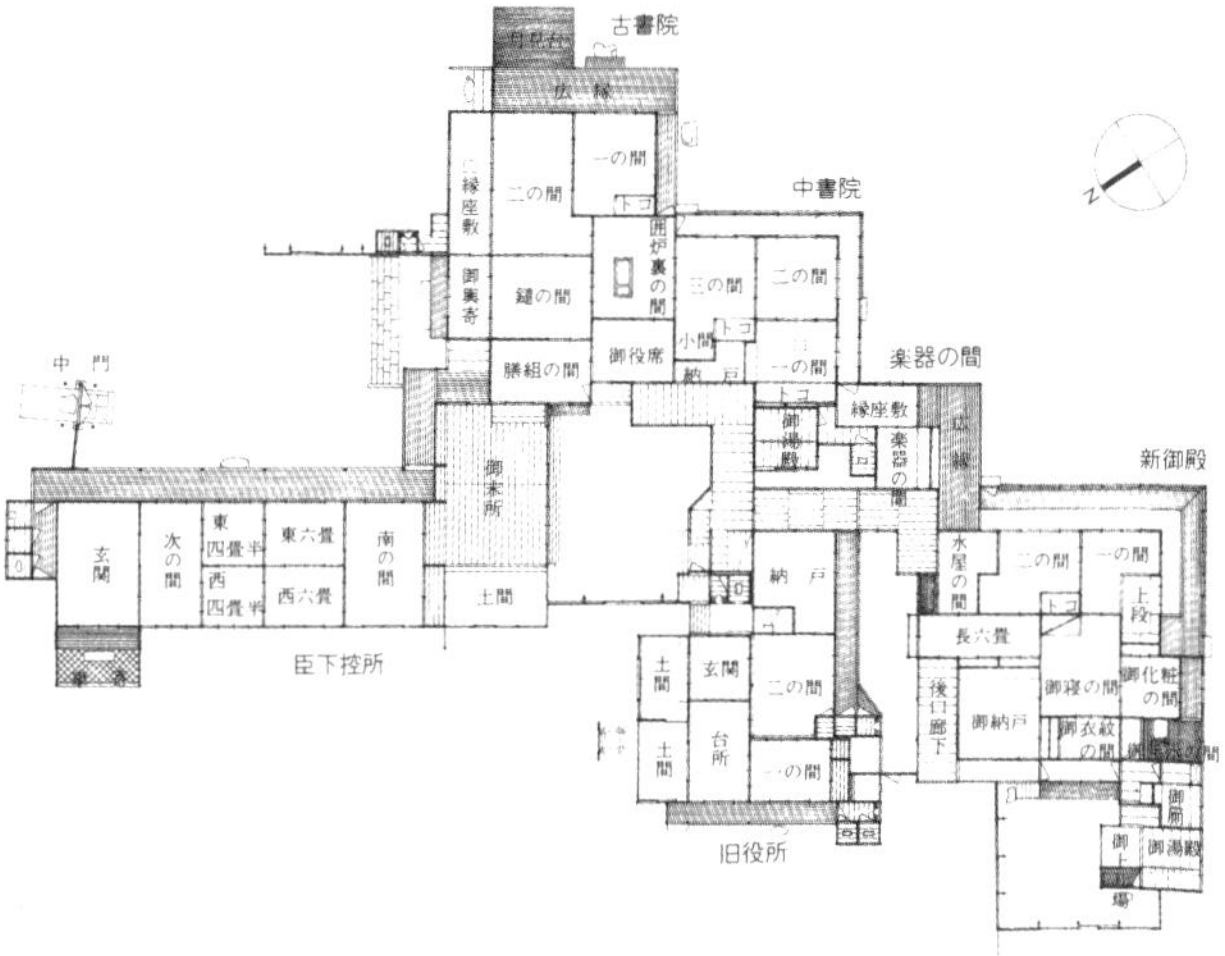

図３　桂離宮平面図［出典：宮内庁『桂離宮御殿整備工事概報』］

写真３　園城寺（三井寺）光浄院客殿

写真４　護国寺月光殿書院

表１　近世の御殿（国宝）

勧学院客殿	慶長5年（1600）	滋賀県大津市園城寺町
光浄院客殿	慶長6年（1601）	同上
竜光院書院	17世紀前半	京都府京都市北区紫野大徳寺町
二条城二の丸御殿	17世紀初め	京都府京都市中京区二条通堀川西入二条城町
三宝院表書院	慶長3年（1598）	京都府京都市伏見区醍醐東大路町
三宝院唐門	慶長4年（1599）	同上
観智院客殿	慶長10年（1605）	京都府京都市南区八条通大宮西入下る柳原町
西本願寺飛雲閣	17世紀	京都府京都市下京区堀川通花屋町下る本願寺門前町
西本願寺黒書院及び伝廊	明暦3年（1657）	同上
西本願寺書院	17世紀前半	同上
西本願寺唐門	17世紀前半	同上
西本願寺北能舞台	天正9年（1581）	同上

写真１　三渓園春草廬外観　左側に突出している部分が茶室（三畳大目）。手前に飛石、その奥に躙口が見える。

写真２　三渓園春草廬内部　右に躙口、その左中央に中柱がある。この建物は九つの窓を持つため九窓亭と呼ばれていた。

13章 茶室

装飾的書院造と一対の侘び空間

桃山時代、豪華な書院造の座敷（広間と呼ぶ）がつくられたのと同じ時期に、小座敷《こざしき》、囲《かこい》、数寄屋《すきや》、のちに小間《こま》と呼ばれる茶会専用の座敷、建物が一対でつくられるようになる。小間とは大きさ四畳半以下の茶座敷であり、堺の町衆であった武野紹《たけのじょう》鴎《おう》をへて千利休《せんのりきゅう》が土壁仕上げ、竹を使った草庵風茶室の新形式を大成する。利休の弟子・山上宗二《やまのうえそうじ》によれば茶室意匠の良し悪しは「作意《さくい》」「作《さく》分《ぶん》」（創意工夫）があるかどうかにあるという。草庵風茶室のすべての要素が利休の作意によるのか確証はな

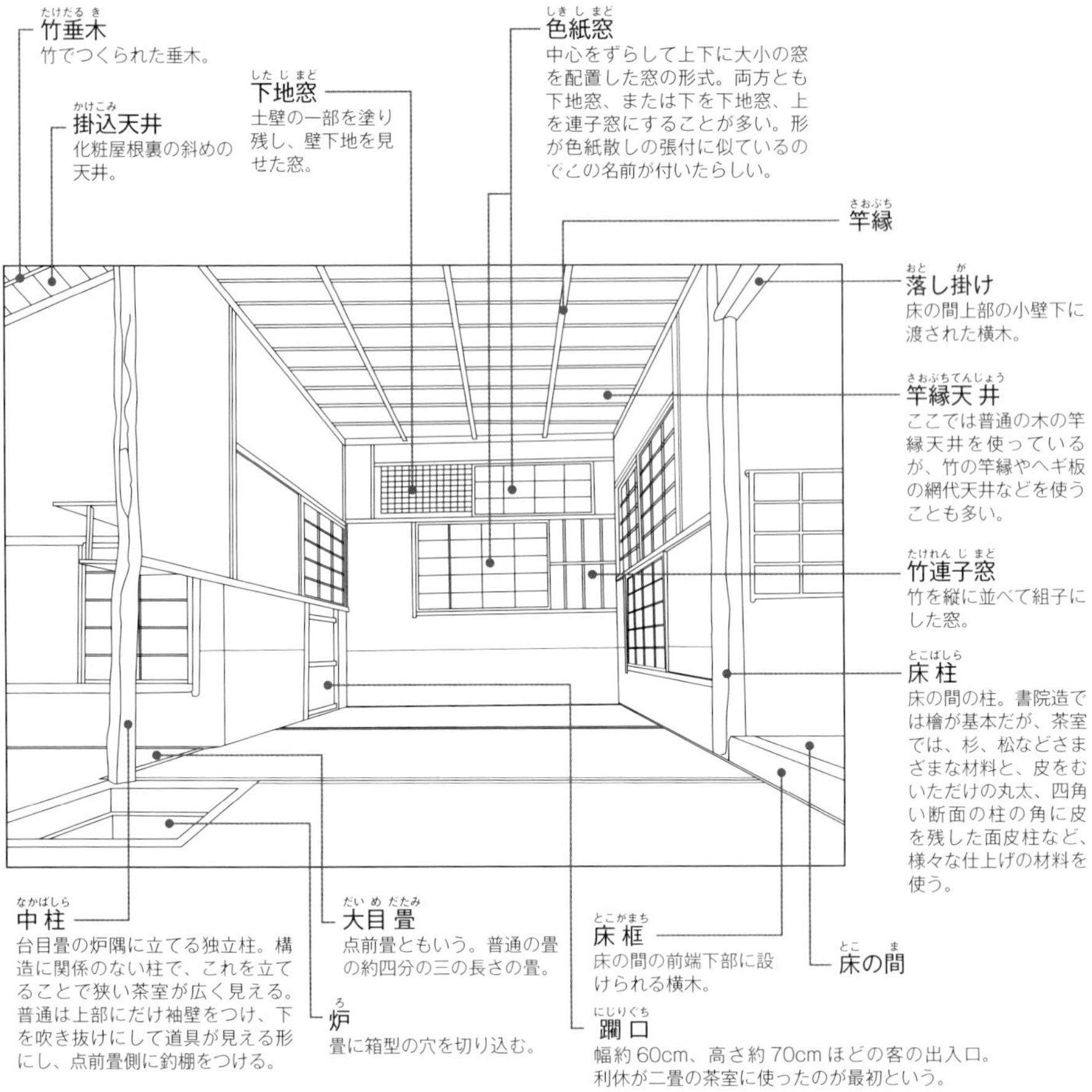
竹垂木《たけだるき》
竹でつくられた垂木。
掛込天井《かけこみ》
化粧屋根裏の斜めの天井。
下地窓《したじまど》
土壁の一部を塗り残し、壁下地を見せた窓。
色紙窓《しきしまど》
中心をずらして上下に大小の窓を配置した窓の形式。両方とも下地窓、または下を下地窓、上を連子窓にすることが多い。形が色紙散しの張付に似ているのでこの名前が付いたらしい。
竿縁《さおぶち》
落《お》し掛《が》け
床の間上部の小壁下に渡された横木。
竿縁天井《さおぶちてんじょう》
ここでは普通の木の竿縁天井を使っているが、竹の竿縁やヘギ板の網代天井などを使うことも多い。
竹連子窓《たけれんじまど》
竹を縦に並べて組子にした窓。
床柱《とこばしら》
床の間の柱。書院造では檜が基本だが、茶室では、杉、松などさまざまな材料と、皮をむいただけの丸太、四角い断面の柱の角に皮を残した面皮柱など、様々な仕上げの材料を使う。
中柱《なかばしら》
台目畳の炉隅に立てる独立柱。構造に関係のない柱で、これを立てることで狭い茶室が広く見える。普通は上部にだけ袖壁をつけ、下を吹き抜けにして道具が見える形にし、点前畳側に釣棚をつける。
大目畳《だいめだたみ》
点前畳ともいう。普通の畳の約四分の三の長さの畳。
炉《ろ》
畳に箱型の穴を切り込む。
床框《とこがまち》
床の間の前端下部に設けられる横木。
床《とこ》の間《ま》
躙口《にじりぐち》
幅約 60cm、高さ約 70cm ほどの客の出入口。利休が二畳の茶室に使ったのが最初という。

図 1　茶室［モデル：三渓園春草廬］

いが、利休は、壁絵などの装飾をなくし、かなり簡素に仕上げた紹鴎の茶室を、ほとんど壁で閉じ、壁の下地を見せた窓（下地窓）などから茶会に必要な光だけを取り入れた「侘《わ》び」の空間にする。そして、一枚の板戸の半分の大きさの小さな入口（躙口《にじりぐち》）、幅の狭い床、通常の四分の三の長さの茶立畳（大目畳《だいめだたみ》、台目畳とも書く）、室内に立てた、構造とは関係のない意匠上の独立柱（中柱）などで、最小で二畳（一畳大目）までの様々な茶室をつくった。

　利休は深い作意を込め、茶会に集中するよう「目が移らぬように」新奇なところがなく、立派に見えないような意匠の茶室を意図的につくった。しかし、利休の弟子で大名茶人の古田織部《ふるたおりべ》や織田有楽《おだうらく》などは、小さすぎる茶室は客を苦しめるとして、大名が使いやすい三畳大目ほどの大

表1　茶室（国宝）

如庵	元和4年（1618）頃	愛知県犬山市大字犬山字御門先
妙喜庵茶室（待庵）	天正年間（1573～1593）	京都府乙訓郡大山崎町字大山崎
密庵（竜光院書院）	寛永年間（1624～1643）	京都府京都市北区紫野大徳寺町

写真3　如庵［写真提供　名古屋鉄道株式会社］

写真4　妙喜庵待庵［写真提供　株式会社便利堂］

きさの茶室に、相伴席《しょうばんせき》という控えの間をつけた茶室を主に使うようになる。利休茶室の平面を歪め、ずらし、矩《かね》折れ、斜め、交差など様々な手法を使って、そこに新しい作意を加えていく。立面にも、下地窓と竹連子窓を上下に重ねた色紙窓や八窓、九窓の多くの窓を使い、明るく美しい表現の茶室をつくるようになる。

織部の弟子・小堀遠州《こぼりえんしゅう》はさらにそれを推し進めて、のちに「綺麗《きれい》さび」と呼ばれる、見るからに美しい表現の茶室をつくり、利休が小間に凝縮した茶会のための空間を、広間にも広げ、これが書院造に取り入れられて桂離宮《かつらりきゅう》などの数寄屋造の傑作がつくられるのである。

茶室は小さな建物で、部材も細いため、桃山、江戸初期の茶室で残っているものはわずかだが、その理解には、茶室におけるこれらの作意、作分の変遷と茶室に表現された茶会のための小世界を味わうことが重要である。また本来、草庵風の茶室は、絢爛豪華な広間と一対に建てられ、格式と権威を誇示する空間と、刀をはずし、身分の違いを超えて一座建《いちざこん》立《りゅう》する茶会の空間が併存してあったことを念頭に、この二つの空間を見比べると理解が深まる。

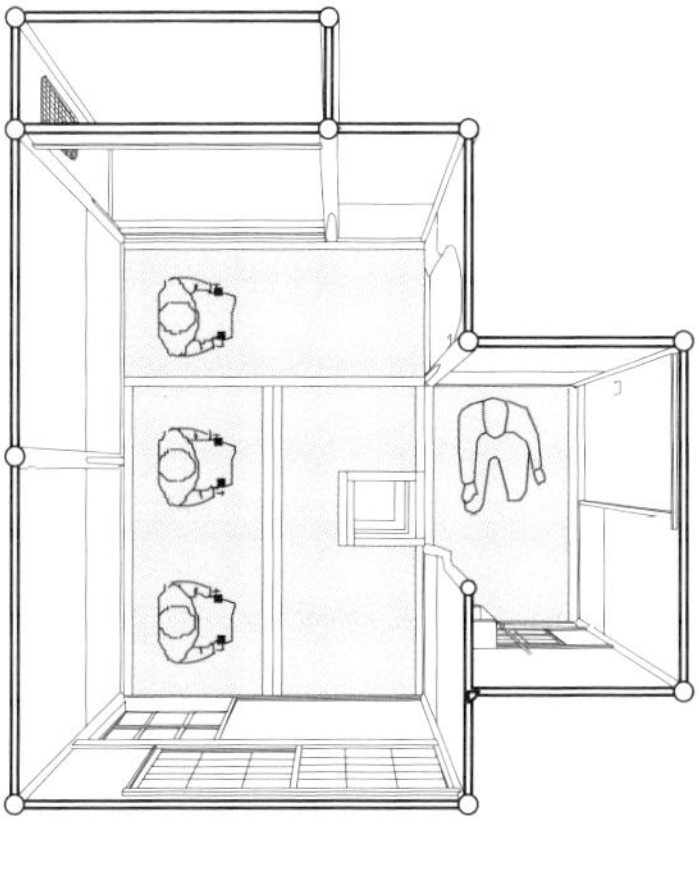
図2　茶室（三畳大目）を上方から見た図
長さ四分の三の大目畳で亭主が茶を点てる。
［イラスト：Manuel Tardits］

写真1　永保寺庭園　池にかかる無際橋と奥の観音堂（水月場）

写真2　園城寺（三井寺）光浄院客殿と庭

写真3　大徳寺大仙院の方丈（本堂）と枯山水（永正10年1513頃）

日本建築空間の特質

日本建築にとって庭は非常に重要なもので、庭（露地《ろじ》）を通らないと建物へ至ることのできない茶室と露地の関係はその最たる事例だが、建物、庭ともに創建時の姿を残す例はわずかしかない。平安時代では、平《びょう》等院《どういん》阿弥陀堂《あみだどう》と前面に燈籠《とうろう》、池をつくった庭（浄土庭園《じょうどていえん》）がある。南北朝時代に多くの名庭をつくった夢《む》窓疎石《そうそせき》の、亭橋《ていきょう》（無際橋《むさいばし》）と観音堂を配した永保寺《えいほうじ》庭園は池泉《ちせん》を設けた禅宗《ぜんしゅう》庭園の傑作である。夢窓以後、石と植物だけで構成した枯山水《かれさんすい》庭園が、禅宗塔頭《たっちゅう》方丈《ほうじょう》（客殿）につ

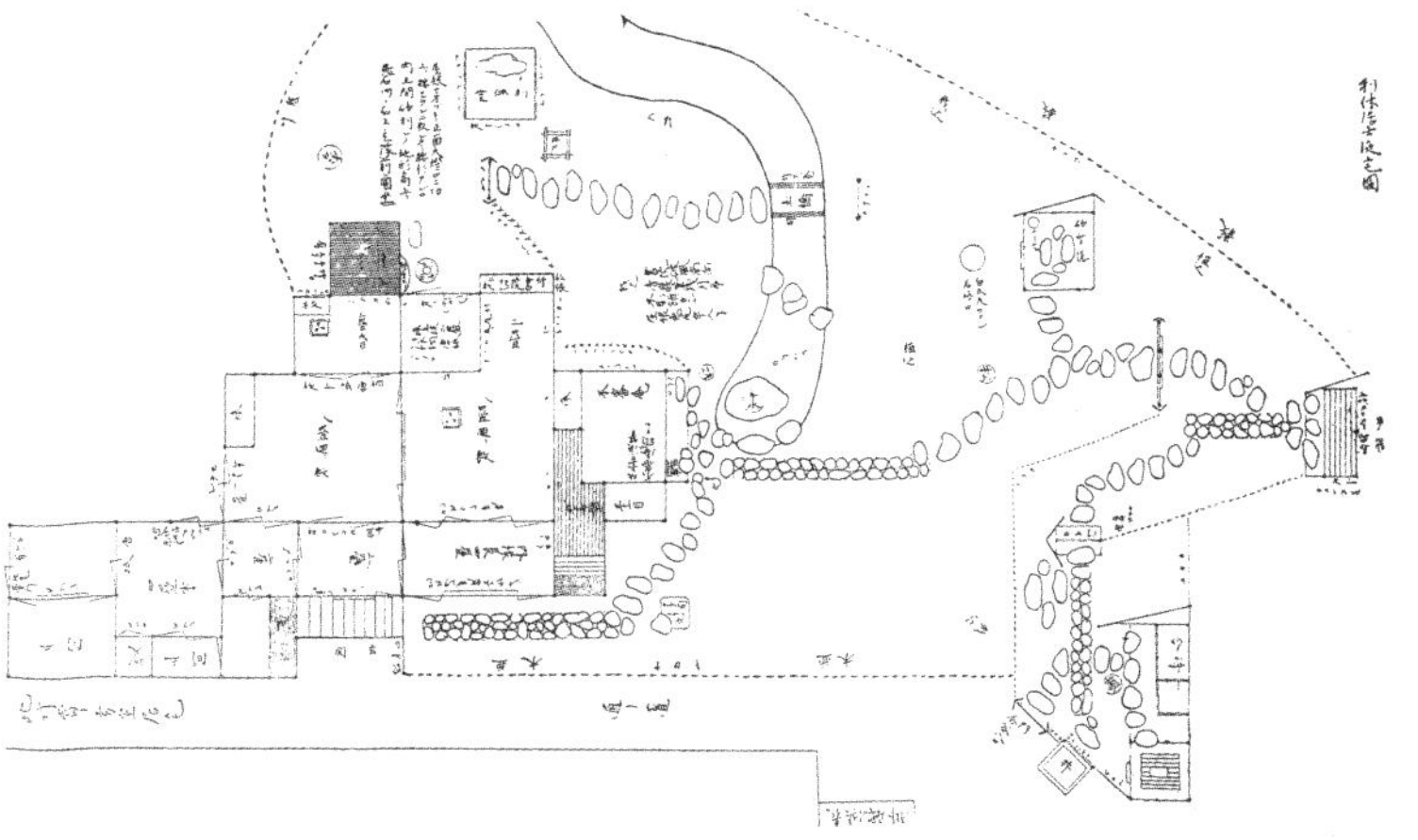

図 1　利休居士庭宅図［出典：堀口捨己『利休の茶室』鹿島出版 (1968)］
千家の茶室（不審庵）と露地の古図で、客は右下の入口から入り、右端の腰掛で茶会の始まりを待つ。合図があると左に進み、中潜を通って茶室前へ至る。手水（蹲踞）で手と口を清め茶室に入る。この露地は中潜によって二重になるため、二重露地という。

写真 4　栗林公園（旧高松藩主松平家別邸）の庭と掬月亭内からの景観

くられるようになる。大徳寺大仙院《だいとくじだいせんいん》に残る古岳宗亘《こがくそうこう》のつくった方丈と庭は、建物と塀の間のわずかな空間につくられた枯山水が禅修行の広大な世界を表現する。室町時代の住宅建築では、園城寺光浄院《おんじょうじこうじょういん》が初期書院造と庭の関係をよく残す。茶室と露地では、茶室待庵とその建物周りの露地が利休によって始められた最初期の姿を、千家の茶室（不審庵《ふしんあん》、又《ゆう》隠《いん》）と露地が利休流の発展した姿を残す。他には利休の弟子古田織部《ふるたおりべ》がつくらせた燕庵《えんあん》、小堀遠州《こぼりえんしゅう》の大徳寺《だいとくじ》孤篷《こほう》庵が、書院の見事な借景《しゃっけい》庭と創建時の茶室、露地の例としてあげられよう。数寄屋造における池泉回遊式の庭では桂離宮《かつらりきゅう》が最高かつ最古の実例といってよいが、諸大名が自国につくった大名庭園にも、点在する建物に工夫をこらした栗林公園や岡山後楽園などの優れたものがある。

写真 1　姫路城天守［写真 © 田中秀明／アフロ］

写真 2　彦根城天守

写真 3　弘前城天守

15章

城

桃山・江戸時代
武家政権の象徴

城は奈良時代からあるが、石垣の上に天守《てんしゅ》がそびえるような形になるのは、中世末から近世にかけてのことである。特に戦国時代から江戸時代にわたって、平屋の櫓《やぐら》の上に一つの座敷を乗せたような形式（望楼《ぼうろう》型）と各層を塔のように積み上げて一体化した形（層塔《そうとう》型）の二系統の形式で天守の建築は巨大化し、権力と格式の象徴として表現されるようになる。軍事施設であった城は見られる物として格好が第一となるのである。一五六五年の宣教師の手紙に「塀も塔（天守）も白く光沢のある壁

天守《てんしゅ》
本丸にあり、司令の中枢として使われる。物見や貯蔵の機能を持ち、防御の最後の拠点ともなる最も重要な施設。多重・多層で、瓦葺や塗籠、板壁でつくる。

小天守《しょうてんしゅ》
近世の城において、中心となる大天守がある場合に3階建て程度の櫓をいう。

櫓《やぐら》
城の防御のための建物の一つ。塀の隅部などに設けられ、階高は1階から4階まで。通常、瓦葺、塗籠の建物。武器・食料の倉庫であり、まれに住居も兼ねる。

本瓦葺《ほんかわらぶき》
ゆるやかな曲面を持つ長方形の瓦（平瓦）と半円筒形の瓦（丸瓦）を交互に並べた屋根の葺き方。安土城、大阪城の軒先の瓦には、漆で金箔が押された金瓦が使用された。徳川家康は籠城の際、鉄砲の玉に転用できる鉛や銅の瓦を使った。

鯱《しゃち》
天守の最上階の大棟の両端につけられる飾り。

破風《はふ》
屋根の端の妻部分につけられた板とその付属物の総称。天守・櫓では各層の屋根に様々な破風をつけて装飾する。入母屋造屋根の破風は入母屋破風といい、屋根に載せる破風は千鳥のような山形の千鳥破風、曲線を持つ唐破風、千鳥破風を二つ並べた比翼破風などがある。

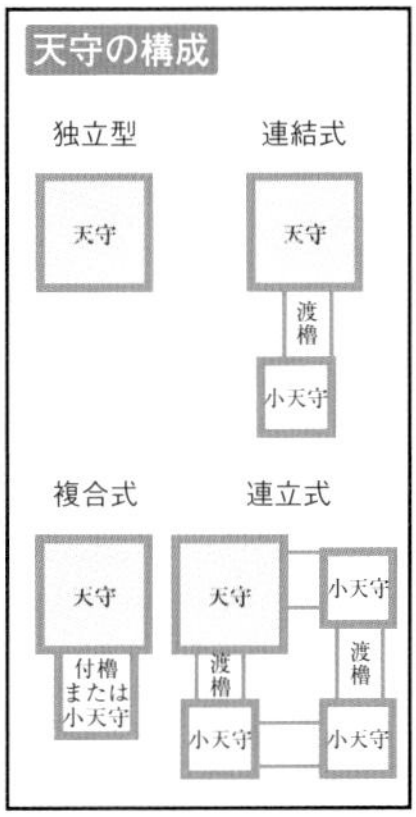

天守の構成
独立型
天守
連結式
天守
渡櫓
小天守
複合式
天守
付櫓または小天守
連立式
天守
小天守
渡櫓
渡櫓
小天守
小天守

入母屋《いりもや》破風

唐《から》破風

破風《はふ》の間
破風内に設けられた小部屋。

千鳥《ちどり》破風

比翼《ひよく》破風

懸魚《げぎょ》
破風内側の頂部につけられた飾り。その形によって梅鉢懸魚、蕪懸魚、三花蕪懸魚などがある。

華頭窓《かとうまど》
禅宗建築とともに日本にもたらされたデザインだが、その曲線の装飾性から御殿などの建築や城にも使われるようになった。

格子窓《こうしまど》
木の芯に漆喰を塗った格子を入れた窓。

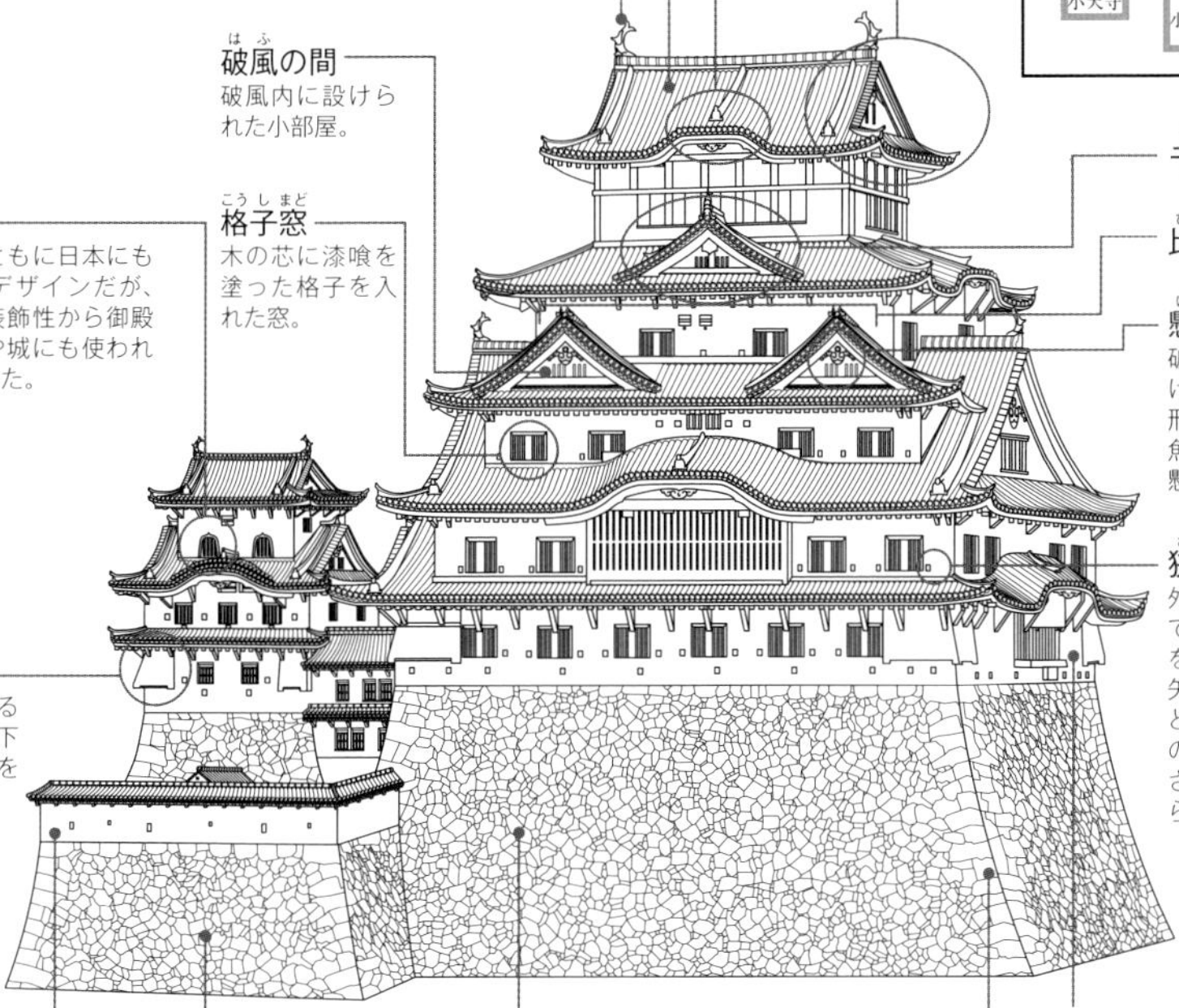

狭間《さま》
外壁に設けた開口部で、矢や鉄砲、大筒を放つためのもの。矢狭間、鉄砲狭間などという。一般に城の外側に向かって小さくなるようにつくられる。

石落《いしおとし》
攻撃してくる敵に対して下方向に鉄砲を撃つ構造。

土塀《どべい》
土でつくった壁。

石垣《いしがき》
積み方には、古くからの野面積、桃山時代から始まる、石の一部を加工して積む打込接、切石を隙間なく積む切込接がある。特に、細長い石の長辺と短辺を交互に積んだ隅の積み方は算木積という。

塗籠《ぬりごめ》
古い日本建築は、柱と柱の間に壁をつくる（真壁造）ため柱が表に出るが、近世の天守建築では、耐火のために外側をすべて土塗りとし、柱を塗り込めた塗籠造にする。

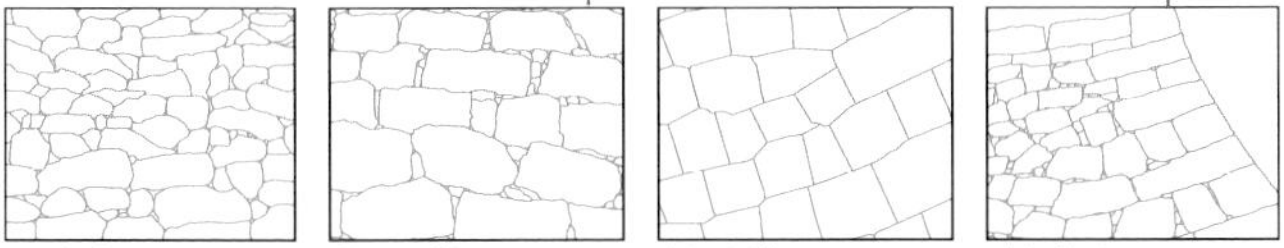

野面積《のづらづみ》
自然石をそのまま積み上げる。

打込接《うちこみはぎ》
石の接合面を粗加工して積んでいく。

切込接《きりこみはぎ》
石の接合面を鑿で完全加工して積む。

算木積《さんぎつみ》
隅部で、細長い石の長辺と短辺を交互に積む手法。

図1　天守の構成［モデル：姫路城大天守と西小天守］

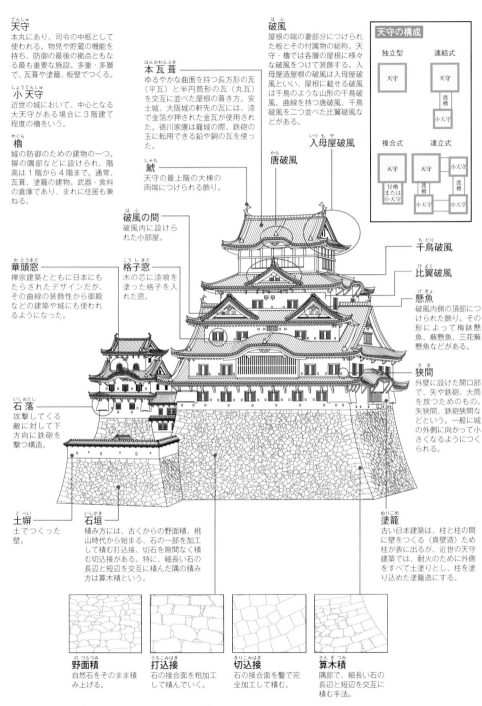

でできていて、そこを歩くと天国のようで、このように美しいものが世界のどこにもあるとは思われない。」とあるように、巧みな縄張《なわばり》によって、石垣の上に天守や櫓が均衡を保ちながらそびえ立つその景観は、世界に誇るものである。理解の第一はこの全体の姿を城の内外から観察することである。

表1　城（現存天守一覧）

●国宝

松本城	文禄3年（1594）以降	長野県松本市丸の内
犬山城	17世紀初め	愛知県犬山市犬山北古券
彦根城	慶長11年（1606）	滋賀県彦根市金亀町
姫路城	慶長13年（1608）	兵庫県姫路市本町
松江城	慶長16年（1611）	島根県松江市殿町一番地続六

●重文

弘前城	文化7年（1810）	青森県弘前市大字下白銀町1番地
丸岡城	天正4年（1576）	福井県坂井市丸岡町霞町一丁目
備中松山城	天和元～3年（1681～1683）	岡山県高梁市内山下
丸亀城	寛永20～万治3年（1643～1660）	香川県丸亀市一番丁無番地
宇和島城	寛文4～5年（1664～1665）	愛媛県宇和島市丸之内
松山城	文化～安政（1804～1859）	愛媛県松山市丸之内
高知城	延享4年（1747）	高知県高知市丸ノ内

　権威の象徴となった城でも、非常時に備えてデザインと軍事施設の役割を両立するため、様々な工夫が施されている。例えば、天守を美しく権威あるように見せるために、各層の屋根に様々な形の破風《はふ》をつけ、金物や懸魚《げぎょ》をつけるが、その壁には矢や鉄砲を放つ狭間《さま》がつけられ、内部に潜って攻撃にも使われる。各層の壁も防御のために全面漆喰《しっくい》塗り（塗《ぬり》込造《こめづくり》）や厚い板でつくられ、張り出しをつけて石落《いしおとし》などを設けるが、塗込造の純白、板壁の黒塗りの構成、壁面の凹凸は、天守全体の印象をも決める。また石垣も、扇《おうぎ》の勾配《こうばい》といわれる美しい曲線を持つものも現れる。これら形の歴史と使われ方を知り、建物全体のデザインにどう組み込まれているかの工夫を知ることが城を見るもう一つの要点である。

　近世には、天守と城主の住む御殿が別々につくられ、一般的な天守の内部は板敷の部屋、急で段差の高さを変えた階段など、実用的なものだが、むき出しの柱や梁《はり》、つくり付けの武具掛けなど、そこには巨大な建築をつくるための職人の工夫と、それまでの貴族住宅や寺社建築には見られない武士の気骨ある美意識がにじみ出ている。現在の日本には多くの天守があるが、多くは戦後に建てられたもので、この内部がわかる江戸時代までにつくられた古い天守は、実は十二基（弘前城、松本城、丸岡城、犬山城、彦根城、姫路城、松江城、備中松山城、丸亀城、伊予松山城、宇和島城、高知城）しかない。城の本質を知るためには、これら本物を見ることが最も重要なポイントである。

写真１　清水寺本堂　観音霊場として知られるようになった平安時代の寺院だが、現本堂は徳川３代将軍家光の寄進による再建。山岳寺院の伝統に連なる懸造。平面構成は平安時代の形を、屋根は室町時代からの形を踏襲している。

写真２　三重塔　1632年再建。家光の再建は本堂だけではなく、西門、三重塔、経堂、開山堂（田村堂）、朝倉堂など伽藍全体に及んでいる。

16章　大寺院復興

江戸時代庶民信仰と大建築再建

古くから権力者が巨大建築の建立・再建によって権威を誇示した例は数多く、近世初頭にも天高くそびえる城の天守閣《てんしゅかく》がいくつもつくられ、倒壊してしまったが豊臣秀吉《とよとみひでよし》は京都に大仏殿《だいぶつでん》をつくった。江戸幕府も幕府関連寺院や東大寺《とうだいじ》大仏殿などの巨大な建築の再建によって、その力を誇示したが、一方で、遠方の寺社まで参詣ができるようになった庶民の信仰を背景にした巨大建築の再建をも行っている。

この中には、古代以来の霊場である西国三十三観音《かんのん》霊場の清水寺《きよみずでら》（京

写真3　金峯山寺本堂（蔵王堂）　天正19年（1591）再建。東大寺大仏殿に次ぐ、日本第二の大きさで平面は約36m四方、高さは34mある。豊臣秀吉の再建といわれる。

写真4　善光寺本堂　絶対秘仏・一光三尊阿弥陀如来像に対する庶民信仰を背景に、年間約600万人の参拝者を集める長野・善光寺の本堂。間口約24m、奥行約54m、石口から箱棟までの高さ約29m。国宝建築物としては東日本最大級。一度に数百人が参拝できる。［写真©善光寺］

写真5　知恩院本堂（御影堂）　寛永16年（1639）再建。旧御影堂は、現在の勢至堂で約20m四方しかなかったが、徳川幕府により正面45 m、奥行35mの巨大な建物につくり変えられた。

写真6　教王護国寺（東寺）金堂　慶長8年（1603）、豊臣秀頼により、平安時代の形式で再建された。巨大な建物のため、部分的に東大寺大仏殿と同じ大仏様が使われている。

都）、石山寺《いしやまでら》、長谷寺《はせでら》、粉河寺《こかわでら》（重文）の本堂が含まれ、江戸末期に年間の参詣者が二十万人にも及んだといわれる長野・善光寺《ぜんこうじ》の本堂も幕府の許可と助力を得て再建されたものである。

善光寺本堂は庶民信仰に応じて特異な形式に変えられたようだが、それ以外の本堂では古代以来の立地や建物が尊重され、従来、再建にあたっては、できるだけ古式が守られた。江戸時代の再建でもその立地や平面構成は変えられなかったが、建物の立面や屋根の構成、内部空間はそれまでよりも豪華で立派に見せる工夫がなされ、構造も中世以来の技術的蓄積を使って、効率的に、より強固につくられた。

まず屋根の構成では、雨漏りを防ぐために傾斜を急にし、複数の建物を巨大な一つの屋根でつなぎあるい

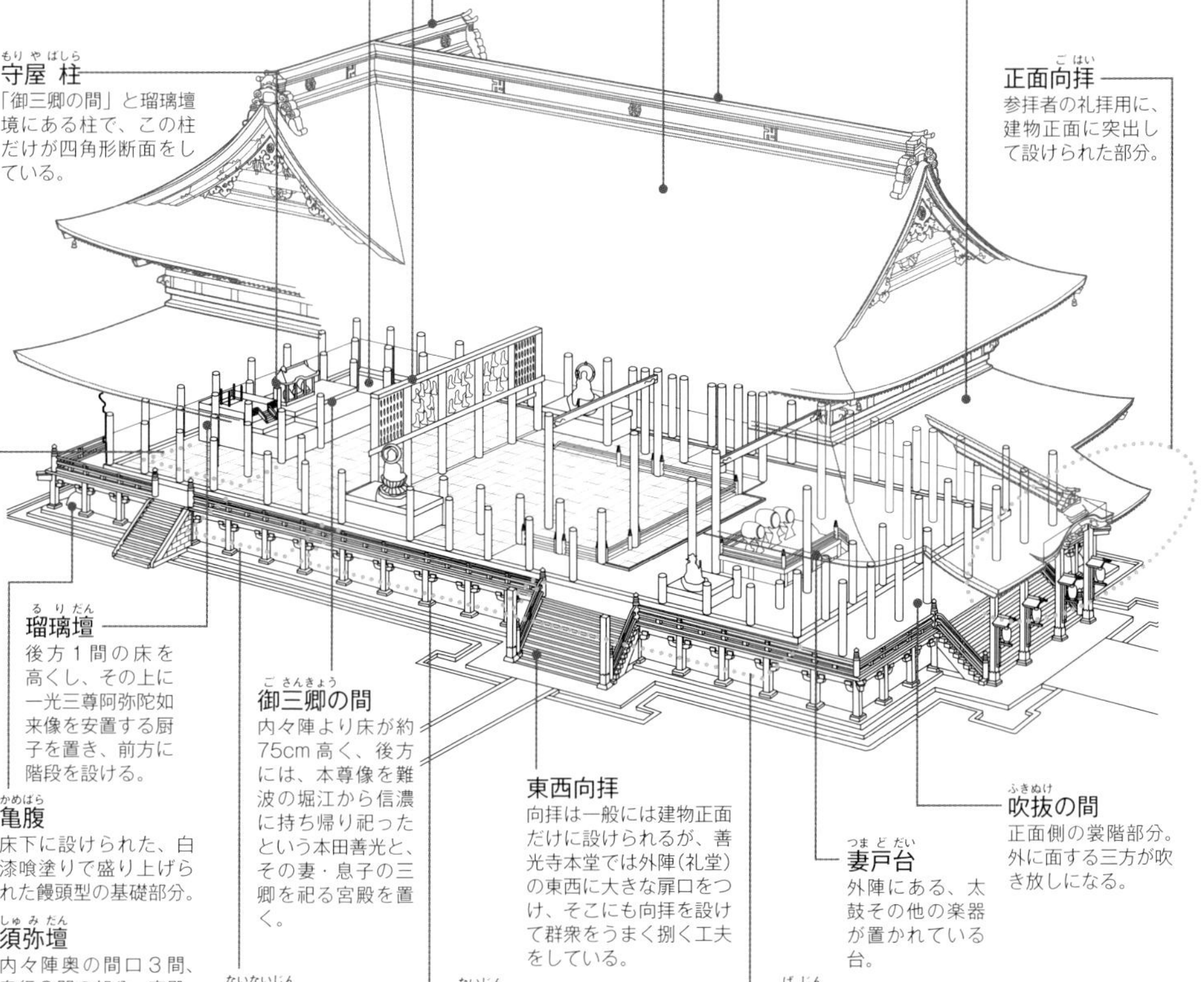
撞木造《しゅもくづくり》
大棟が丁字形をなす建物の形式の俗称。鐘を叩く丁字形の道具（撞木）に似ていることから。入り口は妻側になる。
身舎《もや》屋根《やね》
建物中心部の身舎の屋根。この屋根前方の約4.5m張り出した軒の出を支えるため、屋根裏に桔木を3段に入れている。
大棟《おおむね》（箱棟《はこむね》）
屋根の一番高い所に走る棟。箱棟は大棟のつくり方の一種で、厚い板で鞍箱形につくったもの。
裳階《もこし》屋根
身舎の周りに巡らされた一段低い部分の屋根。この屋根があるために、内部空間は単層であるが、外観は2層になり、立派で安定して見える。
来迎《らいごう》二《に》十《じゅう》五《ご》菩薩《ぼさつ》
内陣と内々陣境の中央3間部分の内陣側扉上の欄間に浮彫された仏像群。
御戒壇《おかいだん》巡り入り口
瑠璃壇の真下にあるとされる「極楽への錠前」に触れるために入る床下通路の入口。古図には「御台座入口」とある。
守屋《もりや》柱《ばしら》
「御三卿の間」と瑠璃壇境にある柱で、この柱だけが四角形断面をしている。
正面向拝《ごはい》
参拝者の礼拝用に、建物正面に突出して設けられた部分。
瑠璃壇《るりだん》
後方1間の床を高くし、その上に一光三尊阿弥陀如来像を安置する厨子を置き、前方に階段を設ける。
御三卿《ごさんきょう》の間
内々陣より床が約75cm高く、後方には、本尊像を難波の堀江から信濃に持ち帰り祀ったという本田善光と、その妻・息子の三卿を祀る宮殿を置く。
東西向拝
向拝は一般には建物正面だけに設けられるが、善光寺本堂では外陣(礼堂)の東西に大きな扉口をつけ、そこにも向拝を設けて群衆をうまく捌く工夫をしている。
吹抜《ふきぬけ》の間
正面側の裳階部分。外に面する三方が吹き放しになる。
亀腹《かめばら》
床下に設けられた、白漆喰塗りで盛り上げられた饅頭型の基礎部分。
妻戸台《つまどだい》
外陣にある、太鼓その他の楽器が置かれている台。
須弥壇《しゅみだん》
内々陣奥の間口3間、奥行2間の部分。宮殿、厨子を祀る。
内々陣《ないないじん》
古くは内陣と言った内陣奥の奥行3間部分。床が内陣より約30cm高く、高貴な人の使う場所だったと考えられる。
内陣《ないじん》
古くは中陣や「経の間」と言った外陣奥の奥行5間部分。古くは、ここで参拝者が通夜、参籠することができ、明治時代まで、一度に数百人の参拝者が夜を明かした。この空間は内々陣側正面欄間に二十五菩薩、百観音の浮彫がつけられ、左右に弥勒、地蔵両菩薩像を須弥壇上に祀って諸菩薩に囲まれるような構成になっている。
外陣《げじん》
建物正面の扉口から奥行4間の部分。古くは礼堂といった。参拝者の礼拝のための空間。一般の仏堂に比べて格段に広い。

図1　善光寺本堂の構造

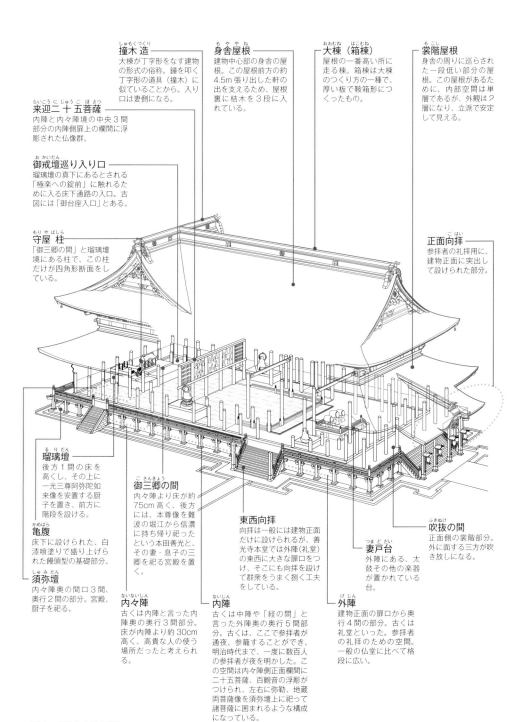

写真 7　長谷寺本堂　後ろ斜めから見た本堂。平安時代には独立の正堂と礼堂が並んで建つ双堂形式だったものが、後に大屋根で一体に覆われたため、その痕跡である礼堂部分の破風が左側に、正堂の入母屋屋根が右側に見える。

は覆って壮大な建物とし、破風《はふ》や妻《つま》に彫刻、飾《かざり》金物などをつけて立派に見せた。また構造は、和様《わよう》でつくられていた建物の場合は、大仏様《だいぶつよう》、禅《ぜん》宗様《しゅうよう》で使う貫《ぬき》を加えて構造を補強し、屋根裏には軒が垂れないように桔木《はねぎ》を入れた。これに加えて、観音霊場の諸寺では、使い勝手に応じた内部の新たな間仕切りや飾金物が加えられ、善光寺本堂では内部に長大な柱を立てて高い位置に天井を張り、柱梁《はしらはり》の配置、菩薩《ぼさつ》像などの位置によって、巨大な内部空間が劇的に見えるようにしている。

これら巨大建築の圧倒的な迫力と壮大な内部空間を体験し、それを実現するための意匠上、構造上の様々な工夫を見ることが、近世につくられた巨大建築を知るための要点である。そして、これらの社寺には信じられないほど多くの庶民が参詣し、巨大な内部空間では、一度に数百人が数日間参籠《さんろう》してひたすら仏や神に祈っていた。そのため、門前や寺院回りには、講などをつくって全国に信仰を広めた勧進聖《かんじんひじり》、先達《せんだつ》などの院《いん》房《ぼう》建築が付属しており、それらが建ち並ぶ景観を観察するのも深く理解するための方法の一つである。

表 1　近世の大建築（国宝）

善光寺本堂	宝永4年（1707）	長野県長野市大字長野元善町
延暦寺根本中堂	寛永17年（1640）	滋賀県大津市坂本本町
園城寺金堂	慶長4年（1599）	滋賀県大津市園城寺町
仁和寺金堂	慶長18年（1613）	京都府京都市右京区御室大内
知恩院本堂（御影堂）	寛永16年（1639）	京都府京都市東山区林下町
知恩院三門	元和7年（1621）	同上
清水寺本堂	寛永10年（1633）	京都府京都市東山区清水
東寺金堂	慶長8年（1603）	京都府京都市南区九条町
東大寺金堂	宝永6年（1709）	奈良県奈良市雑司町
東大寺二月堂	寛文9年（1669）	同上
長谷寺本堂	慶安3年（1650）	奈良県桜井市初瀬
金峯山寺本堂	天正16年（1588）	奈良県吉野郡吉野町吉野山

写真１　東照宮陽明門　徳川家康の霊廟で、元和３年（1613）に駿河・久能山から日光に改装され、社殿も新設された。現在の社殿は寛永の大造替（1634～36年）で徳川家光が全面的につくり変えたもの。壮大な伽藍の中でも特に有名なのが陽明門。表神域と本社の境にあって東照宮の象徴になっている。

写真２　陽明門の細部

写真３　唐門

17章　霊廟

権力者を祀る絢爛豪華な建築

　平安時代の阿弥陀堂《あみだどう》建築と並ぶ優れた建築装飾がつくられるのは、安土・桃山から江戸初期にかけてである。それは、平安時代の貴族による繊細、優美な装飾ではなく、戦国時代に権力を手にした戦国大名の権威の象徴で、建築彫刻を多用した豪壮で絢爛豪華な表現を特徴とする。そのほとんどは戦乱などで失われたが、豊臣秀吉《とよとみひでよし》、徳川家康《とくがわいえやす》などの権力者を神格化して祀《まつ》るための霊廟《れいびょう》建築にはかなりよく残っており、秀吉（豊国大明神）の高台寺《こうだいじ》霊屋《おたまや》、豊国廟関連建築、家康（東照大権現《だいごんげん》）の

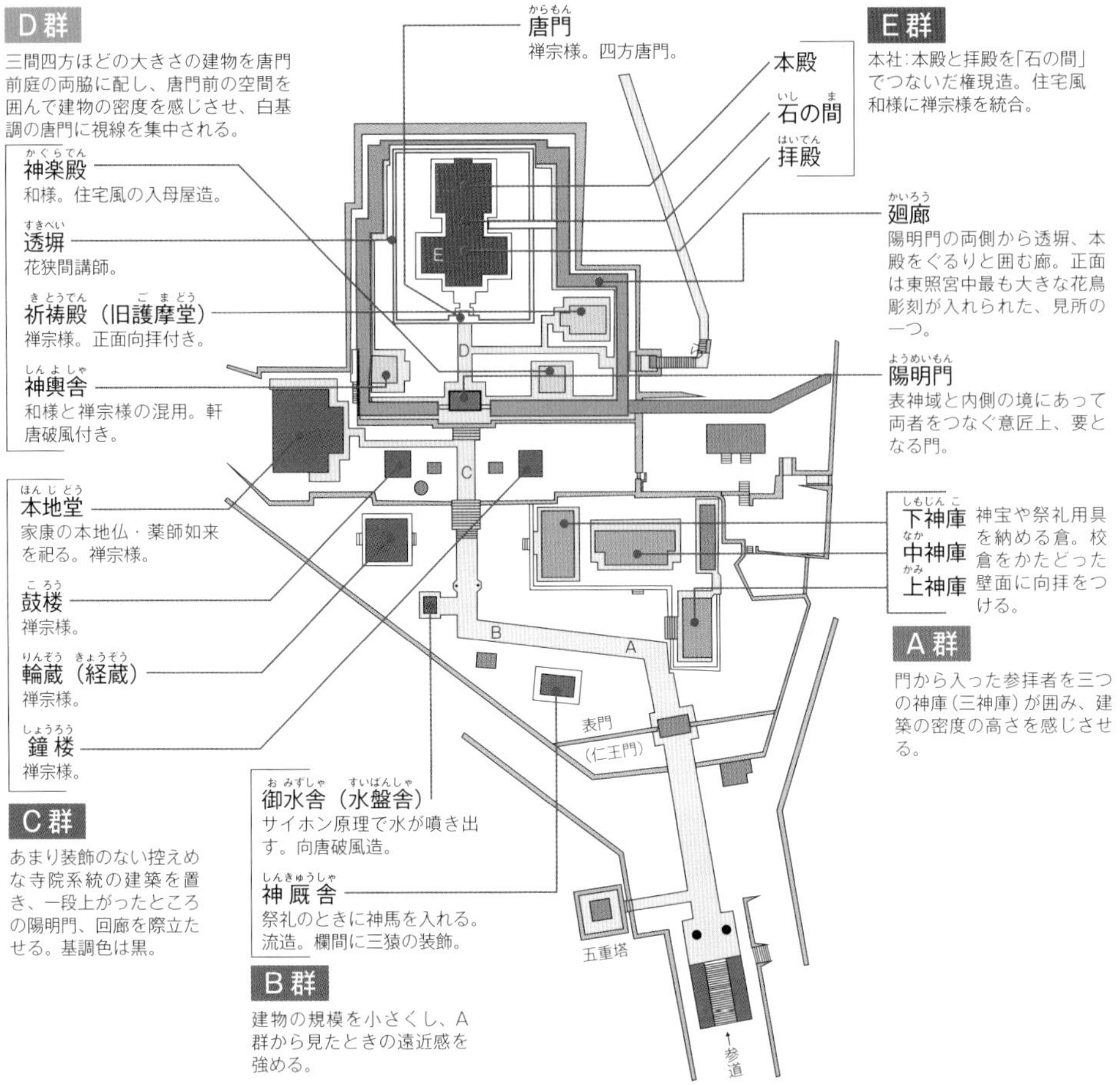

D群
三間四方ほどの大きさの建物を唐門前庭の両脇に配し、唐門前の空間を囲んで建物の密度を感じさせ、白基調の唐門に視線を集中される。
神楽殿《かぐらでん》
和様。住宅風の入母屋造。
透塀《すきべい》
花狭間講師。
祈祷殿《きとうでん》（旧護摩堂《ごまどう》）
禅宗様。正面向拝付き。
神輿舎《しんよしゃ》
和様と禅宗様の混用。軒唐破風付き。
唐門《からもん》
禅宗様。四方唐門。
本殿
石《いし》の間《ま》
拝殿《はいでん》
E群
本社：本殿と拝殿を「石の間」でつないだ権現造。住宅風和様に禅宗様を統合。
廻廊《かいろう》
陽明門の両側から透塀、本殿をぐるりと囲む廊。正面は東照宮中最も大きな花鳥彫刻が入れられた、見所の一つ。
陽明門《ようめいもん》
表神域と内側の境にあって両者をつなぐ意匠上、要となる門。
E
D
C
B
A
本地堂《ほんじどう》
家康の本地仏・薬師如来を祀る。禅宗様。
鼓楼《ころう》
禅宗様。
輪蔵《りんぞう》（経蔵《きょうぞう》）
禅宗様。
鐘楼《しょうろう》
禅宗様。
下神庫《しもじんこ》
中《なか》神庫
上《かみ》神庫
神宝や祭礼用具を納める倉。校倉をかたどった壁面に向拝をつける。
A群
門から入った参拝者を三つの神庫（三神庫）が囲み、建築の密度の高さを感じさせる。
表門
（仁王門）
C群
あまり装飾のない控えめな寺院系統の建築を置き、一段上がったところの陽明門、回廊を際立たせる。基調色は黒。
御水舎《おみずしゃ》（水盤舎《すいばんしゃ》）
サイホン原理で水が噴き出す。向唐破風造。
神厩舎《しんきゅうしゃ》
祭礼のときに神馬を入れる。流造。欄間に三猿の装飾。
B群
建物の規模を小さくし、A群から見たときの遠近感を強める。
五重塔
↑参道

図 1 日光東照宮境内図

日光東照宮《にっこうとうしょうぐう》が、その代表的なものである。豊国廟には、平安時代に菅《すが》原道真《わらのみちざね》を神として祀った北野《きたの》天満《てんまん》宮《ぐう》と同じく、本殿と拝殿をそれぞれ別棟でつくって前後に並べ、それを相殿（相《あい》の間《ま》、馬道《めどう》）でつなぐ形式が使われた。この形式は家康のはじめの霊廟である久能山《くのうざん》東照宮、日光東照宮に使われたため、のちに権現《ごんげん》造《づくり》と呼ばれるようになる。これら桃山から江戸初期にかけての建築彫刻の作風は慶長《けいちょう》年間（一五九六〜一六一五）を境に大きく二つに分けられる。前半の秀吉からその子・秀《ひで》頼《より》の建築彫刻は、身分格式に関係なく実力ある職人を「天下一」として取り立てた信長《のぶなが》、秀吉時代の豪壮大胆で生き生きとした表現に京都の洗練が残され、割合平面的だが、のびのびとして気品がある。後半の秀忠《ひでただ》、家光《いえみつ》の徳川政権の彫刻は、贅《ぜい》を尽く

写真４　久能山東照宮　徳川家康の最初の霊廟として駿河の地に建てられた。

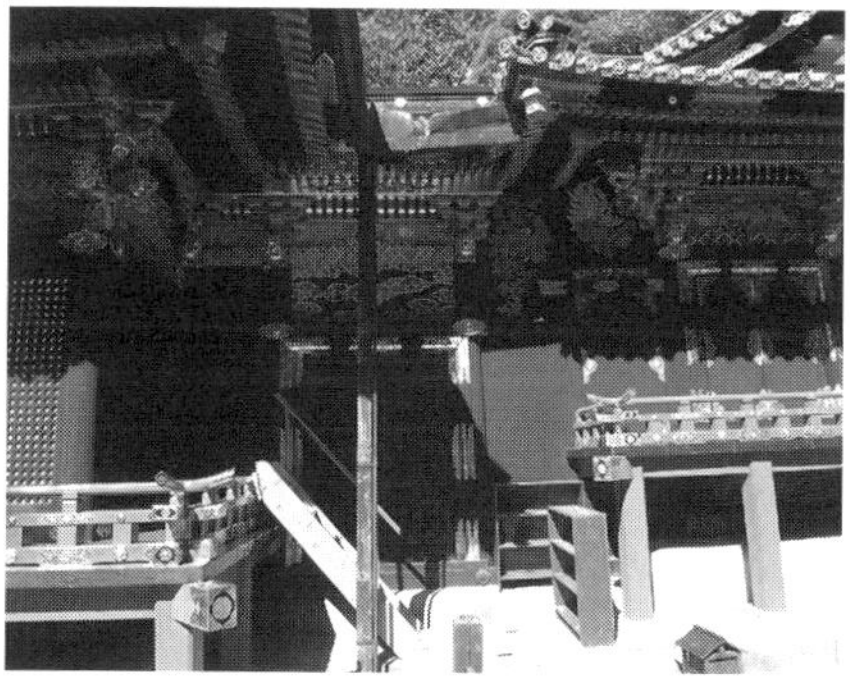

写真５　久能山東照宮石の間
左が拝殿、右が本殿で、その間が石の間。

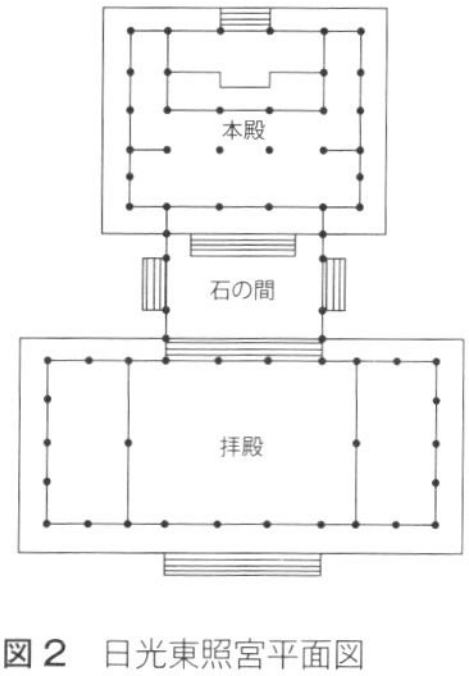

図２　日光東照宮平面図

して装飾の数と種類を極限まで増やして豪華であり、曲線は幾分形式化し、彫りも厚みを増して立体化しているが、生気ともいうべきものは失われていく。豊臣家の建物は徳川幕府によって解体されたが、大徳寺《だいとくじ》や琵琶湖の宝厳寺《ほうごんじ》観音堂唐門《かんのんどうからもん》、竹生島《ちくぶじま》神社本殿外回りに転用され、その遺構が残っている。また、徳川政権の物では、家光がつくり直させた現存の日光東照宮が規模、装飾の量とも抜きん出ている。その装飾の題材は花鳥《かちょう》、霊獣《れいじゅう》など吉祥《きっしょう》を示す題材を集めたもので、西洋教会建築のような強い物語性はないが、杉並木から長い表参道を通り、階段を上って表門をくぐり、下神庫、東神庫を見て左に曲がり、左手に三猿《さんさる》彫刻のある神《しん》厩舎《きゅうしゃ》、正面に水盤舎《すいばんしゃ》を見て右に折れ、右手に上神庫、左手に輪蔵《りんぞう》を、正面に二重に構えた石垣の上に陽明《ようめい》

写真6　北野天満宮　入母屋造の本殿に拝殿と石の間をつなぐ権現造の歴史は平安時代に建立された北野天満宮に始まる。

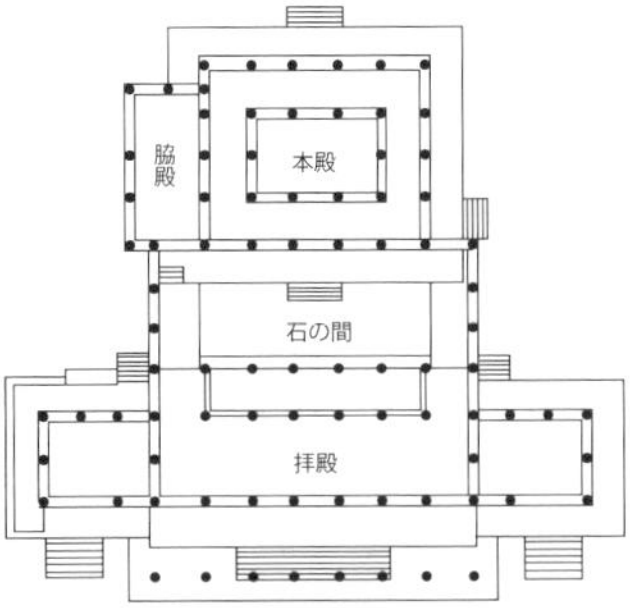

図3　北野天満宮平面図　豊臣秀吉の霊廟（豊国廟）に使われ、さらに徳川家康の霊（東照大権現）を祀る東照宮に使われたため、権現造と呼ばれるようになった。

写真7　大崎八幡宮本殿　権現造。仙台藩主・伊達政宗の造営。政宗が紀州工匠鶴氏を呼んで造営した建物。

表1　近世の建築装飾（国宝）

北野天満宮	慶長12年（1607）	京都府京都市上京区馬喰町
大崎八幡宮本殿・石の間・拝殿	慶長12年（1607）	宮城県仙台市青葉区八幡
東照宮本殿・石の間・拝殿	寛永13年（1636）	栃木県日光市山内
東照宮陽明門	寛永13年（1636）	同上
東照東西透塀	寛永13年（1636）	同上
東照宮東西廻廊	寛永13年（1636）	同上
東照宮正面及び背面唐門	寛永13年（1636）	同上
輪王寺大猷院霊廟	承応2年（1653）	栃木県日光市山内
久能山東照宮本殿・石の間・拝殿	元和3年（1617）	静岡県静岡市駿河区根古屋
宝厳寺唐門	慶長8年（1603）	滋賀県長浜市早崎町
豊国神社唐門	17世紀初め	京都府京都市東山区大和大路正面東入
三宝院唐門	慶長4年（1599）	京都府京都市伏見区醍醐東大路町
石清水八幡宮本社	寛永11年（1634）	京都府八幡市八幡高坊
霧島神宮本殿・幣殿・拝殿	正徳5年（1715）	鹿児島県霧島市霧島田口2608番地5
歓喜院	延享元年（1744）	埼玉県熊谷市妻沼
青井阿蘇神社	慶長15年（1610）	熊本県人吉市上青井町

門《もん》を見て、門をくぐり、瑞垣門《みずがきもん》、その奥に拝殿正面と、人の動きと視線に応じて強弱をつけた装飾的な建物の配置と色彩計画が見事である。

写真 1　竪穴住居　弥生時代後期 1 世紀頃の登呂遺跡の住居。竪穴住居と高床の建物が見えるがすべて復元で、建物の形、構造ともわかっていない。復元された屋根は、茅葺がほとんどだが、竪穴住居は、樹皮や草木で葺いた屋根の上に土を被せた土葺屋根だった可能性が高い。

写真2　家屋文鏡（宮内庁蔵）　建物の形がわかる事例。形式の違う四棟とも権力者の住居と考えられている。［右イラスト出典：木村徳国『古代建築のイメージ』NHK 出版（1979）、p.21. 堀口捨己による線画］

18章　民家

庶民住宅の形

民家とは一般庶民の住まいのことで、農家や漁師の住まい、多くの人たちが集まって住んだ町の商人や職人の住宅（町家）のことである。

民家は、縄文時代（前一万二千～三〇〇年頃）には竪穴住居と呼ばれる、地表面を掘りくぼませ踏み固めた円形平面土間の建物が数多くつくられ、その集合体の中心部に石柱祭壇や石棒、土偶が置かれた。弥生時代（前三〇〇～後三〇〇年頃）になると、地面から離して床板を張った高床の建築が数棟建てられていたことがわかっている。古墳時代（三

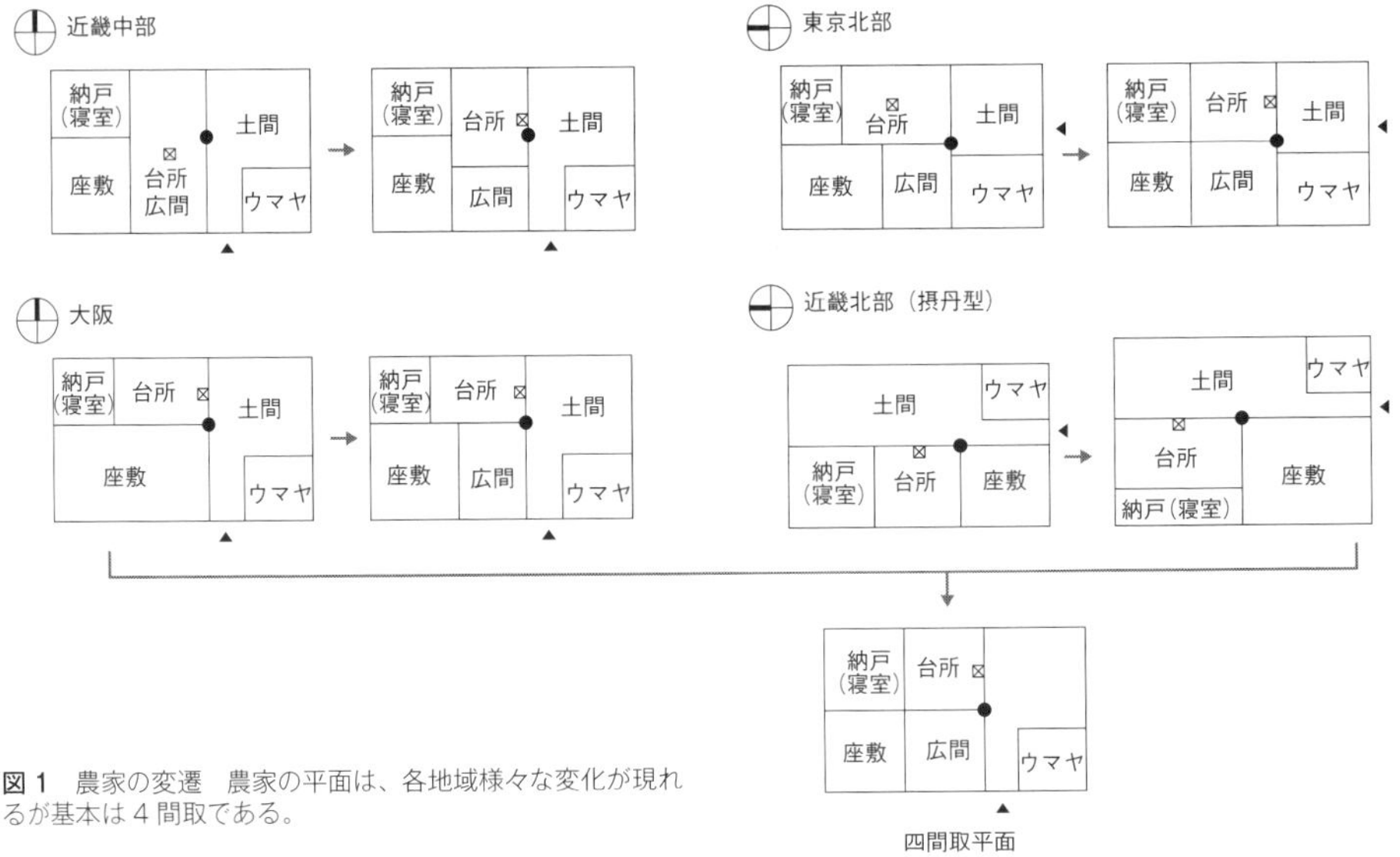

図１　農家の変遷　農家の平面は、各地域様々な変化が現れるが基本は４間取である。

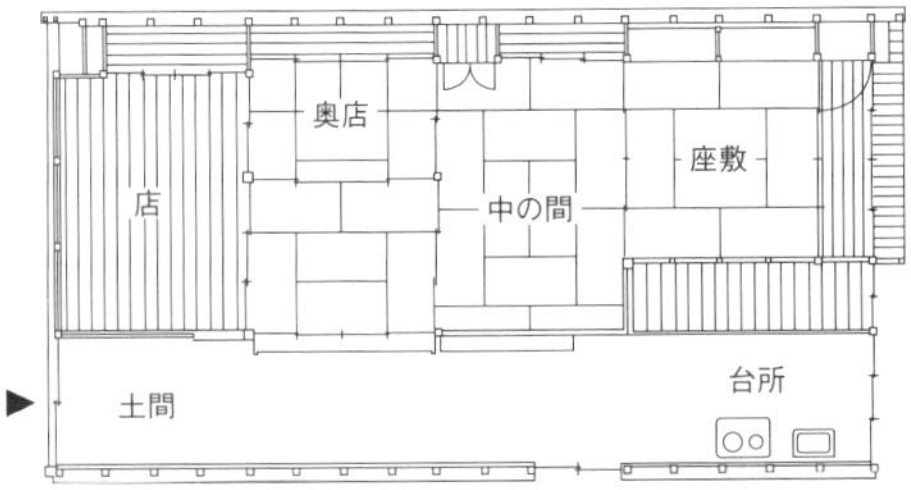

図２　町家の平面図　町人の住む町家は、密集地にあり、間口の大きさによって税金が定められたりしたため、間口が狭く、奥行が深い短冊形になる。

世紀末～七世紀頃）につくられた鏡（家屋文鏡《かおくもんきょう》・左味田《さみた》宝塚《たからづか》古墳四世紀）の裏に描かれた四棟の建物は竪穴住居、床板の張られた権力者の家、高床の倉庫、テラス状の露台を持つ高床の祭殿ではないかと考えられているが、形が違う四つの建物を象徴的に表現しているのはこの一例しかない。

また、江戸時代に発展した現存する農家の建築では、神社建築のように地域や格式によって建物の平面、外形は変化し、それを本棟造《ほんむねづくり》、兜造《かぶとづくり》、中門造《ちゅうもんづくり》などといって、地域に特有の摂丹《せったん》（摂津丹後《せっつたんご》）型なども加えて分類している。ただ、農家の平面を見ると土間の存在は共通しているが、敷物のひかれた、あるいは低い床の張られた部分は、ほぼ正方形（摂丹型では長方形）の平面を、三分割、四分割（いわゆる田の字型

写真3　箱木家住宅　元禄期（17世紀末）にはすでに「千年家」と呼ばれていた日本最古の農家建築で、主屋は古い部材が13世紀末、全体は14世紀室町時代頃の建立と考えられる。［写真提供　神戸市］

プラン）と、使い方に応じて変化させており、最終的に床の張られた部分は共通して田の字型に向かうが、その変化の様相も地域によって異なり、確固とした一つの形式、様式として捉えることはなかなか難しい。

むしろ、ここで造形的に注目すべきは、農作業や炊事をするための土間と人の起居する床部分の二つの対比的構成で、その違いは材質と高さによる。これは町家《まちや》においても同じで、都を中心に発展した町屋は商家では道に面してミセ（店）があり、その奥にいくつかの座敷が続き、蔵が置かれる場合が多く、建物の奥行が長い場合には座敷と座敷の間に坪《つぼ》庭《にわ》が設けられるが、各部屋全体をつなぐのは通庭《とおりにわ》と呼ばれる土間部分である。この通庭は通路としての用途だけではなく、そこで炊事と作業が行われ、農家と同じく全体の平面は土間と床の二つで構成されている。町家は近世に、間口の広さで税金が決められ、十七世紀中頃、幕府や各藩が梁《はり》の長さを規制（梁間規制）したことから、鰻の寝床のように奥に長い建物が多いが、それでも各部屋の構成は職種や地域により変わっており、共通する造形は床《ゆか》と土間の一対の構成にある。加えると、民家に共通する構成としては、前述した寺社や貴族住宅の「母屋《もや》（身舎《もや》）」に対する「庇《ひさし》」のように、建物の中心部分を「上屋《じょうや》（母屋）」、上屋から差し出してつくった部分を「下屋《げや》」と呼び、一対の構成と見る考え方もある。

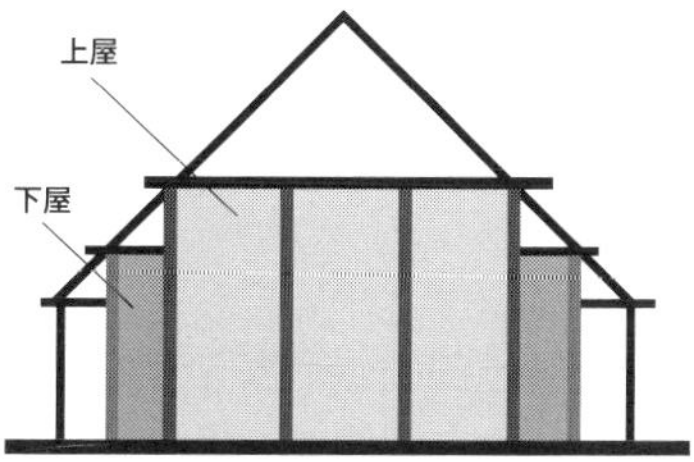

図3　上屋、下屋概念図［作図　大野敏］

写真1　清水三寧坂の門前町　清水寺の表参道である産寧坂の町並み。この周りに法観寺、祇園社があり、それらの門前町としてはじまった。

写真2　八坂神社（祇園社）門前の茶屋街　平入二階建てで、一階は千本格子、二階は縁を出して「すだれ」をかけた建物が並ぶ。

写真3　上賀茂神社社家町の町並み　明神川沿いに石橋、土塀、門、平屋造の主屋が並ぶ。

19章 町並み

全国に残る集住の形

政治経済の中心であった都から地方の農村、漁村まで、人が集まって住む所には建物群としての集落や町並みが生まれる。

例えば室町時代以降には、一般の人たちが遠くの社寺参詣に出かけられるようになり、宿場や社寺の門前《もんぜん》町《まち》が形成される。また、安土・桃山時代には各地に城郭《じょうかく》とともに城下町《じょうかまち》がつくられる。江戸時代には参勤交代の制度により地方大名が江戸へ上がり、宿泊する陣屋《じんや》の設けられた宿《しゅく》場《ば》が整備拡大される。一方、江戸時代中期以降、各藩が綿、藍の栽培や

写真3 秋田県角館町の武家屋敷　江戸初期、芦名氏により創られ、佐竹北家に引き継がれた城下町の旧武家屋敷。写真は町の中央・上・中級武士が住んだ地域・江戸末期の建物、塀、シダレ桜が美しい。

写真4 島根県津和野の商家　町並みの建物は嘉永の大火(1853年)後の再建だが、江戸初期からの地割り、景観がよく残っている。

写真5 妻籠宿の宿場町　中山道の木曽十一宿の一つで、江戸末期から明治期の面影をよく残している。

養蚕などを推奨し、それを集積運搬する廻船《かいせん》や陸運業が発達し、港町や宿場町が増加する。そこには、それぞれの集落景観、町並みが形成されたが、現在残っているものはほとんど江戸時代以後のものである。武家町、商人町、職人町、遊郭などの職種によって居住地が分けられた城下町では、武家町には広い敷地に書院《しょいん》造《づくり》を基本にした武家屋敷の並ぶ景観が構成される。商人町では、住宅が店舗を兼ねるため建物ができるだけ道路に面するようにつくられたが、都市部では敷地が道に接する間口長さに応じて税金がかけられたこともあり、間口が狭く奥行の長い短冊形の建物がびっしりと建ちならんだ。また、江戸時代（寛永《かんえい》二十年・一六四三以後）には、寺社、武家屋敷、民家のすべてを対象に、間口三間以上の建物をつくってはならないという規制がかけられ、大きな建物を建てることが禁じられている。

宿場も奥に長い短冊形の敷地が多く、建物は道に面して建てられ、宿《やど》屋《や》や町家《まちや》が道に沿って建ち並ぶ町並みが形成された。地域の自然環境に応じた屋根の形や入り方、手に入りやすい材料や建築職人の技術、火災などの災害の経験の違いによって、地域に特徴的な町並みが形成された。

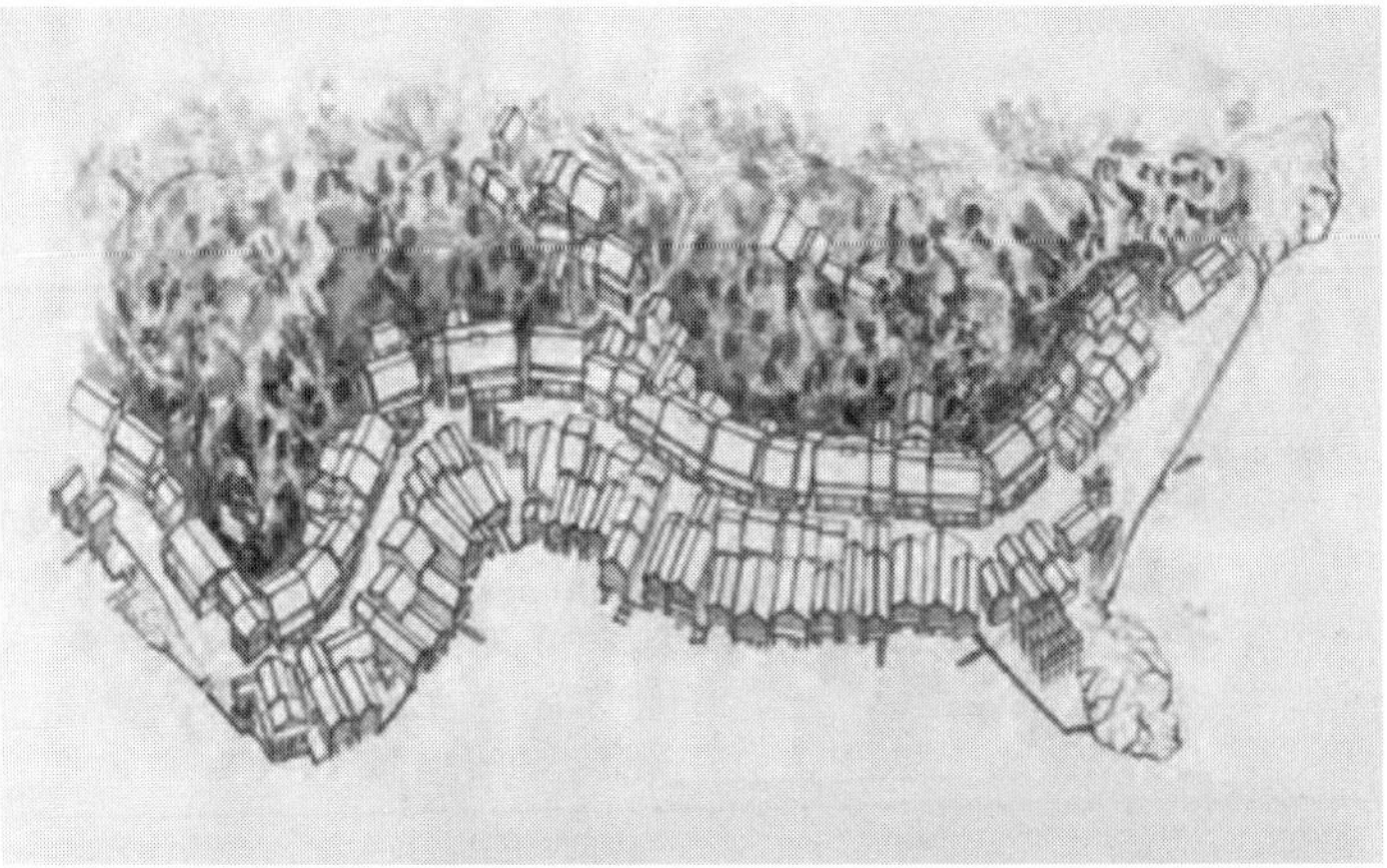

写真７　伊根町伊根浦の伝統的建造物群　京都府北部丹後半島の漁村。三方を山に囲まれ、干満の差が少ない伊根湾沿いに江戸末から昭和初期に建てられた母屋、主屋、蔵などが並ぶ。［上イラスト＠明治大学工学部建築学科神代研究室］

また参勤交代の通り道になる宿場では、法令で一般的に禁止されていた長押《なげし》や天井の設置を許し、町並みの建物を立派に見せることもあった。

農村や山村では、家をつくるときに近隣住民が協力し合う「結《ゆい》」と呼ばれる相互互助の仕組みがあって、材料や労働力を出し合ったこともあり、自分勝手に大きな建物や変わったものをつくることはできず、統一的な集落景観になった。農村の建築景観の違いが生まれるもう一つの原因に、江戸時代から明治・大正時代の養蚕がある。江戸時代後期以後、養蚕を行うために屋根裏が広くとられ大きな窓を開けるものが多くなり、それによって地域ごとに特徴のある形の建物がつくられるようになったのである。

写真 1　法務省旧本館（中央合同庁舎第 6 号館赤れんが棟）　明治の御雇い外国人であるドイツ人建築家ヘルマン・エンデとヴィルヘルム・ベックマン設計による洋風建築。

写真 2　東京駅　辰野金吾による洋風建築。

写真 3　旧横浜正金銀行本店本館　妻木頼黄の代表作。バロック風の洋風建築。

20章 近現代建築

明治時代以後の建築系譜

江戸時代まで、ほとんどが木造であった日本建築は、明治政府が殖産興業を進める一環として西洋建築を取り入れたことで大きく変化する。

明治政府（一八六八年）ははじめに、御雇《おやと》い外国人を採用して本格的な石造、煉瓦造《れんがづくり》の西洋風建築（洋風《ようふう》建築）を国内に建てる。それに対して従来の木造建築では、職人が洋風建築を木造で真似てつくった擬洋風《ぎようふう》建築が現れる。近代化が進み日清戦争（一八九四年）に勝利した頃、洋風建築は、東京帝国大学で英国人建築家ジョサイア・コンドルに学んだ

写真４　東京国立博物館　渡辺仁による和風折衷建築。鉄筋コンクリート造の建築に和風の屋根を載せる。

写真５　迎賓館赤坂離宮　片山東熊の洋風建築。ネオ・バロック様式。右写真は羽衣の間。［写真 © 迎賓館］

辰野《たつの》金吾《きんご》や片山東熊《かたやまとうくま》などの日本人建築家が担うようになる。辰野、片山の洋風建築は多少の変化はあるものの西洋建築を基本としたものだが、戦勝によってナショナリズムは高まり、日本の伝統的な寺社《じしゃ》の形を取り入れた「寺社風」の鉄筋コンクリート造建築がつくられる。

第一次世界大戦後（一九一四年）になると、洋風建築は日本人建築家でも西洋建築の様々な様式を折衷的に使うことができるようになり「洋風折衷」の傑作、岡田信一郎《おかだしんいちろう》設計の明治生命館の水準にまで至る。一方、寺社風建築は寺社以外の和風表現も取り入れ「和風《わふう》折衷」といってよいような建築が現れる。この中で建物上部に冠のように和風の屋根を載せた帝冠《ていかん》様式と呼ばれる建築がつくられるが、これは国策の影響が強い。同時期にヨーロッパで盛んだっ

表 1　日本の近現代建築

	1968明治	1894日清戦争	1914第一次世界大戦	1950朝鮮戦争	1980
【和風建築】 （木造）	【擬洋風（木造）】 清水喜助 （築地ホテル） 立石清重 （開智学校）	【寺社風】 伊藤忠太 （震災祈念堂） 武田五一	【和風折衷】（帝冠様式在り） 渡辺仁（東京国立博物館） 大江新太郎 （明治神宮宝物館）	（現代日本） 吉田五十八 大江宏 谷口吉郎 大谷幸夫	ポスト モダニズム 地域主義 石井和紘 （直島町役場）
	【洋風建築（外国人）】 コンドル （旧岩崎邸） ウォートルス ベックマン （旧法務省）	【洋風建築（日本人）】 辰野金吾 （日本銀行、東京駅） 片山東熊 （迎賓館、表慶館） 妻木頼黄 （旧正金銀行）	【洋風折衷】 岡田信一郎（明治生命館） 内田祥三 渡辺節（商船三井ビル） 岸田日出刀 佐藤功一	（現代世界地域） 今井謙次 白井晟一	ポスト モダニズム 造形主義 磯崎新 （つくばセンター）
			【近代建築】 分離派・堀口捨己　山田守 石本喜久治 坂倉準三　前川國男	（現代モダニズム建築） 丹下健三、槇文彦	
			（ビル建築） 横河民輔（日本橋三越本店） 中條精一郎	（現代巨大建築） ゼネコン 巨大設計事務所 アノニマスデザイン	

（神代雄一郎『原色日本の美術 32　近代の建築・彫刻・工芸』を元に作成

た、使い勝手を主軸に、装飾をなくした単純な幾何学形態で、大量生産が可能であり、かつ優れたデザインを目指す「近代建築・インターナショナルスタイル」が日本に導入される。その先駆は東京帝国大学の学生たちがつくった分離派建築会で、その後、フランスのル・コルビュジエのもとで学んだ坂倉準三《さかくらじゅんぞう》と前川國男《まえかわくにお》などが本格的な近代建築をつくり始める。

もう一つの動きとして、経済的合理性を追求するアメリカの鉄骨造ビルが横河民輔《よこがわたみすけ》などにより導入される。太平洋戦争の敗戦（一九四五年）によって日本は大きな打撃を受けるが、朝鮮戦争（一九五〇年）によって経済が持ち直す。ここからの日本建築は明確に分類することが難しいが、和風の要素を活かす（現代日本）の傾向、世界中から好みの地域要素を選んで建築を構成する（現代世界地域）の手法が現れる。

「近代建築」では、丹下健三《たんげけんぞう》が現れ、日本の「現代モダニズム建築」は世界的な評価を受ける。「ビル建築」はさらに巨大化し、超高層建築など（現代巨大建築）がつくられるようになる。一九八〇年代に至ると、無機質で同じような形のモダニズム建築に反対するポストモダニズム建築が日本にもつくられるようになる。

寺　院

・『寺院建築の研究上、中、下』福山敏男著作集、福山敏男、1982

奈良京都の古い寺院建築を徹底した史料批判を元に個別に論述。

・『南都六大寺大観』補訂版、奈良六大寺大観刊行会編、岩波書店、2001

奈良の法隆寺、薬師寺、東大寺、唐招提寺、興福寺、元興寺に関する最も詳しい論述。基本文献。

・『密教建築空間論』藤井恵介、中央公論美術出版、1998

真言宗、天台宗の密教建築空間を儀式も含めた使い方から解明。

・『中世寺院社会と仏堂』山岸常人、1990

・『延暦寺の建築史的研究』清水擴、中央公論美術出版、2009

天台宗の中心延暦寺の建築を史料を元に詳細に論考した著作。著者には阿弥陀堂や六勝寺に関する優れた論考もある。

・『名宝日本の美術第13巻 五山と禅院』関口欣也、小学館、1983

禅宗建築研究の泰斗が、禅宗庭園も含めて、禅宗建築の全体像を一般向けに分かりやすく解説する。『関口欣也著作集』中央公論美術出版に収録。

・『日本の近代建築上、下』藤森照信、岩波書店、1993

日本全国の近現代建築を調べつくした筆者の一般向けかつ総括的著作。

住　宅

・『寝殿造の研究』太田静六、吉川弘文館 、1987

平安時代寝殿造研究の総合的研究。平安時代住宅研究の基礎資料。

・『寝殿造の空間と儀式』川本重雄、中央公論美術出版、2012

儀式、使い方の視点から寝殿造建築の研究を再検討。

・『日本中世住宅の研究』新訂版、川上貢、墨水書房、2002

鎌倉時代初期から室町時代末期の領主層住宅の研究。寝殿造から書院造が成立していく過程を史料に基づいて論考した名著。初版は1967。

・『床の間―日本住宅の象徴』太田博太郎、岩波新書、1978

書院造の成立の要点である床の間の歴史に関する一般向けの著作。

・『城と書院　日本の美術13』平井聖、平凡社、1965

城と書院の形式を図表によってわかりやすく解説。

・『堀口捨己博士著作集』堀口捨己、鹿島出版会、1987

茶室研究の基本文献。『草庭』『利休の茶』『利休の茶室』『茶室研究』は茶室研究には必読。

・『茶室の研究―六茶匠の作風を中心に』新訂版、中村昌生、河原書店、2001

堀口が細述しなかった古田織部も論述。著者には他に、茶室の寸法体系や江戸時代後半の茶室に関する著作が多数ある。

修理工事報告書

建物の修理による知見の報告書。国宝・重要文化財については殆ど出版され、近年には一部だが都道府県の文化財についても出されている。建築自体が語る貴重な歴史を知ることができる。研究者には必見資料。

洋　書

・『対訳 日本人のすまいTHE JAPANESE HOUSE THEN and NOW』平井聖　市ヶ谷出版社 1998

日本住宅と住まいにまつわる習慣等の歴史に関する英語対訳版通史。見開きで日本語と英語による解説とするため読みやすく、専門用語の勉強にもなる。城、城下町に関する『対訳 日本の城と城下町THE CASTLES and CASTLE TOWNS of JAPAN』2017もある。

・『EPL PRESS THE CARPENTER&ARCHITECT』JACQUET, MATSUZAKI, TARDITS, EPL PRESS, 2021

近現代までの日本建築史、日本建築の造形原理を使った現代建築の実例の解説を豊富な写真図版を使って解説。近現代建築史、現代の建築実例はフランス人執筆。フランス語版の『LE CHARPENTIER ET LARCHITECTE』, EPL PRESS, 2019もある。

日本建築の調べ方

インターネット情報

・国指定文化財等データベース　https://kunishitei.bunka.go.jp
　国宝・重要文化財（建造物）、登録有形文化財（建造物）項目
　国の国宝・重要文化財、登録文化財、重要伝統的建造物群に関する基礎的な情報（種類、所在地、建立年代、建築形式、指定理由など）が掲載されている。

・都道府県の文化財データベース
　すべての都道府県について掲載はされていないが、所在、年代、形式の概略はわかる。

・日本建築学会論文集掲載論文
　専門的な研究論文だが、主要論文はデータとして検索可能になっている。

参考文献

事典辞書類

・『日本建築辞彙』中村達太郎著、明治39年、太田博太郎、藤井恵介編、中央公論美術出版、2011
　江戸、明治時代の建築用語がわかる。

・『建築大辞典』、彰国社、1993
　国内外、新旧の建築用語辞典。

・『日本の建築文化事典』平井聖編集代表、後藤治編、丸善出版、2020
　建築関連用語の時代背景も含めた解説、楽しんで読める事典。

・『日本建築史基礎資料集成』全26巻、太田博太郎責任編集、中央公論美術出版、1971～
　社寺、住宅など国宝を中心に建築史上重要な建物をあげ、各分野の専門家が詳細な図面も添付して簡潔に解説する。内容の正確性、含蓄とも秀逸。

・『総覧日本の建築』全8巻、日本建築学会編、新建築社、1998
　北海道から沖縄まで、現代建築も含めた各地域の主要建築の解説。文化財指定外の江戸建築について詳しい。

通　　史

・『日本建築史序説』増補第三版、太田博太郎、彰国社、2009
　半世紀以上読まれ続けた代表的な通史。意匠も含めた日本建築の全体像を論述。特に後半に付された資料集は適切かつ簡略で専門的調査に最適。

・『日本建築様式史』増補新装カラー版、太田博太郎監修、美術出版、2010
　カラー写真、図版を多用した現代建築までの解説書。多少専門的ではあるが手軽な通史。

・『日本建築史図集』新訂第三版、日本建築学会編、彰国社、2011
　白黒図版のみだが、主要建築の平面図（一部立断面あり）が掲載される図集。解説は最後にまとめられ図版との対照をしにくいが、簡潔かつ正確。

・『日本建築史 (建築学の基礎 6)』　後藤治、共立出版、2003
　建築道具が時代ごとに付され、建築の構造手法がよくわかる。

・『日本の歴史的建造物-社寺・城郭・近代建築の保存と活用』光井渉、中公新書2021
　日本建築の特徴と文化財としての保存、活用の方法を指摘する。写真図版が的確でわかりやすい。

意匠（デザイン）

・『庭と空間構成の伝統』堀口捨己、鹿島出版会、1977
　庭と一体になる日本建築の空間を通史的に解説。日本建築意匠論の嚆矢にして白眉。

・『日本建築の空間』井上充夫、鹿島出版会SD選書、1969
　日本建築の歴史研究を元に使用方法から造形原理を解明し、意匠論の可能性を示す。

・『間（ま）日本建築の意匠』　神代雄一郎、鹿島出版会SD選書、1999
　時代を越えて日本建築に通底する造形原理を取り出し、写真図版で分かりやすく解説。建築家のみならずデザインの手法論として必見。

・『山に立つ神と仏－柱立てと懸造の心性史—』松﨑照明、講談社、2020
　上掲、神代著作が都･平地の水平的造形原理を明らかにしたことを受けて、山岳における垂直的造形原理を通史的に解明。

時代、種類別

神　　社

・『神社建築の研究』福山敏男著作集４、1984
　伊勢神宮はじめ、古い日本の神社建築を徹底した史料批判を元に個別に論述。

・『原色日本の美術16神社と霊廟』稲垣栄三、小学館、1990
　日本の神社建築を建築形式から分析し、全体像を鮮明に解説する。『稲垣榮三著作集』中央公論美術出版、2006に収録。

・『中世寺社信仰の場』黒田龍二、思文閣出版、1999
　儀式などの使用方法から神社建築の実態を明らかにする。神仏混淆の建築も含む。

	元号	西暦	国宝建造物と歴史的出来事
室町	応永4年	1398年	鹿苑寺舎利殿（金閣）創建
	応仁4年	1467年	〈応仁の乱勃発〉
		15世紀前半	円覚寺舎利殿
	長享3年	1489年	慈照寺観音殿（銀閣）
	永正10年	1513年	大仙院本堂
	天文16年	1547年	根来寺大塔
桃山	天正10年頃	1582年頃	妙喜庵茶室（待庵）
		16世紀末	松本城
	慶長7年	1602年	二条城二の丸御殿
江戸	慶長8年	1603年	〈江戸幕府成立〉
		17世紀初め	犬山城
	慶長11年	1606年	彦根城
	慶長12年	1607年	北野天満宮本殿、石の間、拝殿、楽の間
	慶長14年	1609年	姫路城天守
	元和4年	1618年	西本願寺書院（対面所及び白書院）
	元和4年頃	1618年頃	如庵
	寛永10年	1633年	清水寺本堂再建
	寛永13年	1636年	日光東照宮陽明門
	寛永16年	1639年	知恩院本堂
	寛永21年	1646年	崇福寺大雄宝殿
	万治2年	1659年	瑞龍寺仏殿
	元禄14年	1701年	旧閑谷学校講堂
	宝永4年	1707年	善光寺本堂
	延享元年	1744年	出雲大社本殿
	文久3年	1863年	加茂別雷神社（上賀茂神社）本殿及び権殿
	文久3年	1863年	加茂御祖神社（下鴨神社）東本殿及び西本殿
	元治元年	1864年	春日大社本社本殿
	慶応4年	1868年	〈明治維新〉
明治	明治42年	1909年	旧東宮御所（迎賓館赤坂離宮）

国宝建築略年表

	元号	西暦	国宝建造物と歴史的出来事
飛鳥		6世紀中頃	〈仏教公伝〉
		6世紀末	〈日本最初の本格的寺院・法興寺（飛鳥寺）建立〉
		670年	〈創建法隆寺焼亡の記事〉
		7世紀後半	法隆寺西院伽藍金堂・五重塔・廻廊・門
奈良		710年	〈平城京遷都〉
	天平2年	730年	薬師寺東塔
		733年	東大寺法華堂正堂
		8世紀前半	正倉院正倉
	延暦3年	784年	〈長岡京遷都〉
平安	延暦13年	794年	〈平安京遷都〉
		8世紀後半	唐招提寺金堂
		8世紀後半	新薬師寺本堂
		8世紀後半	室生寺五重塔
		8世紀末～9世紀初め	室生寺金堂
	天暦6年	952年	醍醐寺五重塔
	天喜元年	1053年	平等院鳳凰堂
	永長元年	1096年	石山寺本堂正堂
		11世紀後半	宇治上神社本殿
		11世紀後半～12世紀	三仏寺投入堂
	嘉承2年	1107年	浄瑠璃寺本堂（九体阿弥陀堂）
	天治元年	1124年	中尊寺金色堂
	永暦2年	1161年	當麻寺本堂
		1180年	〈平重衡　南都焼き討ち〉
鎌倉	建久3年	1192年	浄土寺浄土堂
	正治元年	1199年	東大寺南大門
	承元4年	1210年	興福寺北円堂
	安貞元年	1227年	大報恩時本堂（千本釈迦堂）
	弘安2年	1279年	長弓寺本堂
		13世紀末～14世紀初め	安楽寺八角三重塔
	元応3年	1321年	明王院本堂

姫路城西小天守／姫路市
姫路城乾小天守／姫路市
姫路城イ、ロ、ハ、ニの渡櫓／姫路市

○岡　山

吉備津神社本殿及び拝殿／岡山市
旧閑谷学校／備前市

○広　島

向上寺三重塔／尾道市
浄土寺多宝塔／尾道市
浄土寺本堂／尾道市
厳島神社本社、摂社客神社、回廊／廿日市市
不動院金堂／広島市
明王院五重塔／福山市
明王院本堂／福山市

○鳥　取

三仏寺奥院（投入堂）／三朝町

○島　根

出雲大社本殿／出雲市
神魂神社本殿／松江市
松江城天守／松江市

○山　口

功山寺仏殿／下関市
住吉神社本殿／下関市
瑠璃光寺五重塔／山口市

○香　川

神谷神社本殿／坂出市
本山寺本堂／三豊市

○愛　媛

大宝寺本堂／松山市
太山寺本堂／松山市
石手寺二王門／松山市

○高　知

豊楽寺薬師堂／大豊町

○大　分

宇佐神宮本殿／宇佐市
富貴寺大堂／豊後高田市

○長　崎

崇福寺第一峰門／長崎市
崇福寺大雄宝殿／長崎市
大浦天主堂／長崎市

○熊　本

青井阿蘇神社／人吉市
○鹿児島
霧島神宮／霧島市

○沖　縄

玉陵墓室・石牆／那覇市

東寺金堂／京都市南区
東寺大師堂（西院御影堂）／京都市南区
東寺蓮花門／京都市南区
観智院客殿／京都市南区
醍醐寺五重塔／京都市伏見区
醍醐寺薬師堂／京都市伏見区
醍醐寺金堂／京都市伏見区
醍醐寺清滝宮拝殿／京都市伏見区
三宝院殿堂／京都市伏見区
三宝院唐門／京都市伏見区
法界寺阿弥陀堂／京都市伏見区
光明寺二王門／綾部市
平等院鳳凰堂／宇治市
宇治上神社本殿／宇治市
宇治上神社拝殿／宇治市
妙喜庵書院及び茶室（待庵）／大山崎町
海住山寺五重塔／木津川市
浄瑠璃寺本堂（九体阿弥陀堂）／木津川市
石清水八幡宮本社／八幡市
八坂神社本殿／京都市東山区

○奈　良

東大寺金堂（大仏殿）／奈良市
東大寺転害門／奈良市
東大寺南大門／奈良市
東大寺二月堂／奈良市
東大寺法華堂／奈良市
東大寺本坊経庫／奈良市
東大寺鐘楼／奈良市
東大寺開山堂／奈良市
正倉院正倉／奈良市
唐招提寺金堂／奈良市
唐招提寺経蔵／奈良市
唐招提寺鼓楼／奈良市
唐招提寺講堂／奈良市
唐招提寺宝蔵／奈良市
興福寺五重塔／奈良市
興福寺三重塔／奈良市
興福寺北円堂／奈良市
興福寺東金堂／奈良市
元興寺極楽坊五重小塔／奈良市
元興寺極楽坊禅室／奈良市
元興寺極楽坊本堂／奈良市
十輪院本堂／奈良市
薬師寺東塔／奈良市
薬師寺東院堂／奈良市
海竜王寺五重小塔／奈良市
秋篠寺本堂／奈良市
春日大社本社本殿／奈良市
新薬師寺本堂／奈良市
般若寺楼門／奈良市
圓成寺春日堂・白山堂／奈良市
霊山寺本堂／奈良市
法隆寺金堂／斑鳩町
法隆寺五重塔／斑鳩町
法隆寺綱封蔵／斑鳩町
法隆寺大講堂／斑鳩町
法隆寺三経院及び西室／斑鳩町
法隆寺聖霊院／斑鳩町
法隆寺西円堂／斑鳩町
法隆寺鐘楼／斑鳩町
法隆寺廻廊（西廻廊・東廻廊）／斑鳩町
法隆寺経蔵／斑鳩町
法隆寺食堂及び細殿／斑鳩町
法隆寺中門／斑鳩町
法隆寺東室／斑鳩町
法隆寺東大門／斑鳩町
法隆寺南大門／斑鳩町
法隆寺東院夢殿／斑鳩町
法隆寺東院伝法堂／斑鳩町
法隆寺東院鐘楼／斑鳩町
法起寺三重塔／斑鳩町
長弓寺本堂／生駒市
當麻寺本堂（曼荼羅堂）／葛城市
當麻寺西塔／葛城市
當麻寺東塔／葛城市
石上神宮摂社出雲建雄神社拝殿／天理市
石上神宮拝殿／天理市
宇太水分神社本殿／宇陀市
室生寺金堂／宇陀市
室生寺本堂（灌頂堂）／宇陀市
室生寺五重塔／宇陀市
長谷寺本堂／桜井市
金峯山寺二王門／吉野町
金峯山寺本堂／吉野町
栄山寺八角堂／五條市

○大　阪

住吉大社本殿／大阪市
観心寺金堂／河内長野市
慈眼院多宝塔／泉佐野市
孝恩寺観音堂／貝塚市
桜井神社拝殿／堺市

○和歌山

金剛三昧院多宝塔／高野町
金剛峯寺不動堂／高野町
根来寺多宝塔（大塔）／岩出市
善福院釈迦堂／海南市
長保寺多宝塔／海南市
長保寺大門／海南市
長保寺本堂／海南市

○兵　庫

浄土寺浄土堂（阿弥陀堂）／小野市
鶴林寺太子堂／加古川市
鶴林寺本堂／加古川市
一乗寺三重塔／加西市
朝光寺本堂／加東市
太山寺本堂／神戸市
姫路城大天守／姫路市
姫路城東小天守／姫路市

国宝建築物一覧（2022年11月現在）

○岩　手

中尊寺金色堂／平泉町

○山　形

羽黒山五重塔／鶴岡市

○宮　城

瑞巌寺本堂／松島町

瑞巌寺庫裏及び廊下（元方丈）／松島町

大崎八幡宮本殿・石の間・拝殿／仙台市

○福　島

願成寺阿弥陀堂（白水阿弥陀堂）／いわき市

○栃　木

東照宮本殿、石の間及び拝殿／日光市

東照宮東西透塀／日光市

東照宮正面及び背面唐門／日光市

東照宮東西廻廊／日光市

東照宮陽明門／日光市

輪王寺大猷院霊廟／日光市

鑁阿寺本堂／足利市

○群　馬

旧富岡製糸場／富岡市

○埼　玉

歓喜院／熊谷市

○東　京

旧東宮御所（迎賓館赤坂離宮）／港区

正福寺地蔵堂／東村山市

○神奈川

円覚寺舎利殿／鎌倉市

○長　野

善光寺本堂／長野市

松本城天守／松本市

大法寺三重塔／青木村

安楽寺八角三重塔／上田市

仁科神明宮中門（前殿）・本殿／大町市

旧開智学校校舎／松本市

○山　梨

大善寺本堂／甲州市

清白寺仏殿／山梨市

○静　岡

久能山東照宮本殿・石の間・拝殿／静岡市

○富　山

瑞龍寺仏殿・法堂・山門／高岡市

勝興寺本堂・大広間及び式台／高岡市

○岐　阜

安国寺経蔵／高山市

永保寺開山堂／多治見市

永保寺観音堂／多治見市

○愛　知

犬山城天守／犬山市

如庵／犬山市

金蓮寺弥陀堂／西尾市

○福　井

明通寺本堂／小浜市

明通寺三重塔／小浜市

○滋　賀

都久夫須麻神社本殿／長浜市

宝厳寺／長浜市

彦根城天守、附櫓及び多聞櫓／彦根市

西明寺本堂／甲良町

西明寺三重塔／甲良町

金剛輪寺本堂／愛荘町

常楽寺本堂／湖南市

常楽寺三重塔／湖南市

善水寺本堂／湖南市

長寿寺本堂／湖南市

御上神社本殿／野洲市

大笹原神社本殿／野洲市

苗村神社西本殿／竜王町

石山寺多宝塔／大津市

石山寺本堂／大津市

園城寺金堂／大津市

園城寺新羅善神堂／大津市

園城寺勧学院客殿／大津市

園城寺光浄院客殿／大津市

日吉大社西本宮本殿及び拝殿／大津市

日吉大社東本宮本殿及び拝殿／大津市

延暦寺根本中堂／大津市

○三　重

専修寺如来堂・御影堂／津市

○京　都

高山寺石水院（五所堂）／京都市右京区

賀茂別雷神社本殿・権殿／京都市北区

大徳寺方丈及び玄関／京都市北区

大徳寺唐門／京都市北区

大仙院本堂／京都市北区

龍光院書院（密庵）／京都市北区

仁和寺金堂／京都市右京区

広隆寺桂宮院本堂／京都市右京区

北野天満宮本殿、石の間、拝殿及び楽の間／京都市上京区

大報恩寺本堂（千本釈迦堂）／京都市上京区

賀茂御祖神社東本殿・西本殿／京都市左京区

慈照寺銀閣／京都市左京区

慈照寺東求堂／京都市左京区

南禅寺方丈／京都市左京区

二条城　二の丸御殿／京都市中京区

西本願寺飛雲閣／京都市下京区

西本願寺黒書院及び伝廊／京都市下京区

西本願寺書院（対面所及び白書院）／京都市下京区

西本願寺唐門／京都市下京区

西本願寺北能舞台／京都市下京区

知恩院三門／京都市東山区

知恩院本堂（御影堂）／京都市東山区

清水寺本堂／京都市東山区

豊国神社唐門／京都市東山区

蓮華王院本堂（三十三間堂）／京都市東山区

妙法院庫裏／京都市東山区

東福寺三門／京都市東山区

東福寺竜吟庵方丈／京都市東山区

東寺五重塔／京都市南区

著者略歴
松崎照明（まつざき・てるあき）
福島県生まれ。日本建築意匠研究所代表。
明治大学大学院講師、東京藝術大学講師、横浜国立大学講師など。
博士（工学）。一級建築士。専門は日本建築史意匠。
おもな著書は『日本の国宝建築が知りたい』（学研）、『日本建築文化事典』（平井聖編集代表、共著、丸善出版、2020）、『日本建築様式史』（太田博太郎監修、共著、美術出版社、1999）、『世界の建築うんちく92』（共著、角川書店、2011）、『LE CHARPENTIER ET L'ARCHITECTE』, Presses polytechniques et universitaires romandes, 2019、『山に立つ神と仏―柱立てと懸造の心性史』（講談社、2020）など多数。

図解 はじめての日本建築
神社仏閣から住宅建築までをめぐる

令和5年1月30日　発　行

著作者　松　﨑　照　明

発行者　池　田　和　博

発行所　丸善出版株式会社
〒101-0051　東京都千代田区神田神保町二丁目17番
編集：電話（03）3512-3266／FAX（03）3512-3272
営業：電話（03）3512-3256／FAX（03）3512-3270
https:/www.maruzen-publishing.co.jp

組版・株式会社 南風舎
印刷・シナノ印刷株式会社／製本・株式会社 松岳社

ISBN978-4-621-30794-6 C3052　　Printed in Japan